AF493512

(Par Cretineau-Joly)
d'après Barbier

HISTOIRE

CONTEMPORAINE

DES HOMMES ET DES JOURNAUX

POLITIQUES

PAR UN ANCIEN DÉPUTÉ.

Necesse est ut veniant scandala.

1.

M. DE GENOUDE

Et la *Gazette de France*.

PARIS

COLOMB DE BATINES, LIBRAIRE-ÉDITEUR,
QUAI MALAQUAIS, 15.

1842

IMPRIMERIE DE J. BELIN-LEPRIEUR FILS, RUE DE LA MONNAIE, 11.

AVERTISSEMENT DE L'ÉDITEUR.

Lorsqu'en 1838 et en 1839 parut la plus grande partie de cette histoire de la *Gazette de France*, plusieurs écrivains politiques, des publicistes distingués réclamèrent les honneurs de sa paternité.

Egaré dans un recueil hebdomadaire, cet ouvrage, étincelant de verve et d'esprit, produisit dans les lettres et dans le monde une profonde impression. Des sollicitations auxquelles il lui était impossible de résister ont fait violence à l'*ancien député*. Il a enfin consenti à la publication d'un livre qu'attend plus d'un genre de succès. Il a continué jusqu'à ce jour une histoire si énergiquement ébauchée. A notre demande il a revu, corrigé, émondé son œuvre, adoucissant quelques traits, faisant disparaître deux ou trois ombres, et effaçant d'un tableau si plein d'originalité et de vertueuse colère certains passages qui, vrais dans le fond, pouvaient cependant être regardés comme une satire trop directe.

L'*ancien député* s'est censuré lui-même; ce que messieurs de la *Gazette* auront bien de la peine à lui pardonner. Il a parlé sans haine et sans crainte des hommes et des choses, respectant tout ce qu'il y a de respectable, épargnant les personnes, mais ne faisant jamais grâce à de déplorables doctrines.

Dans la situation où tous les partis se trouvent placés, ce livre était plus que jamais de circonstance. Nous le reproduisons plutôt comme une œuvre de vérité que comme une œuvre d'art, et bien persuadé que messieurs de la *Gazette* s'empresseront eux-mêmes de rendre complète justice aux intentions de l'*ancien député* ainsi qu'à celles de son éditeur, nous ne croyons pouvoir mieux faire que de livrer à la publicité l'histoire d'un journal qui a exercé une si fatale influence.

INTRODUCTION

ORIGINE DE LA RÉFORME ÉLECTORALE.

La réforme électorale est venue au monde, elle a vie. La presse de toutes les dimensions et de toutes les nuances lui a donné son certificat. Faute de mieux, la presse l'a élevée au rang d'événement, la presse lui a fait subir l'ostracisme de ses censures ou l'honneur de ses premiers-Paris. Elle est passée des hommes dans les choses, séduisant les uns, abusant les autres, réalisant les impossibilités, enfantant des miracles auxquels les thaumaturges de la *Gazette*, qui prévoient tout, et dont les prévisions ne s'accomplissent guère, n'avaient pas encore osé ajouter foi.

La réforme électorale, c'est la panacée de la révolution expirant sous l'indifférence ; c'est la terre promise, l'Eldorado préconisé par les ambitieux de tous les partis, attendu par toutes les dupes, exploité par tous les écrivains sans imagination qui enfin ont trouvé un débouché. C'est le fantastique jeté au milieu du positif de la vie, une chimérique espérance qui s'attache au suffrage universel pour tenter, en désespoir de cause, d'aller se perdre dans les bras flétris d'une impossible république, ou sous le joug d'un despotisme que la fierté publique repousse avec la même énergie.

Telle qu'elle se présente, appuyée sur des fractions de partis sans homogénéité, sans plan, sans alliance, sans intérêt commun, sans estime les uns pour les autres, la réforme électorale, misérable produit de trois ou quatre cerveaux malades, œuvre informe de vise-en-l'air, qui, depuis 1830, prennent la folie de leurs idées pour la *raison monarchique*, leurs vieilles plumes de censeurs pour la liberté dont ils se font les apôtres, mais dont ils ne seront jamais les martyrs; cette réforme électorale, toute imprégnée d'un levain de sans-culottisme et d'une espèce de parfum légitimiste qu'elle ne peut longtemps conserver, est aujourd'hui portée à l'état de fait.

Tout le monde en glose, chacun s'en occupe : on la rencontre en même temps et sur la borne de la rue, et dans les riches salons; elle trône au feuilleton, régente la polémique, inspire les discussions, entraîne les esprits curieux ou avides de nouveautés sur un terrain que personne n'a encore sondé; enfin, régnant au milieu de cette confusion qu'il a établie, de ce tohu-bohu de langues, de cette diversité de vœux qu'il réunit momentanément dans une apparence de faisceau, le suffrage universel, sous la forme de pétition, se rétrécit déjà : il se fait bizet ou électeur avant de se raccornir encore davantage, et de mourir comme tant de choses sont mortes depuis le cahier des charges des états-généraux jusqu'au mandat impératif.

L'enfant est né; il vieillit même sans avoir passé par la jeunesse, comme au dire du malin Michaud, le fondateur de la *Quotidienne*, M. Genoude est noble sans avoir passé par la bourgeoisie; il vieillit. La discussion a usé sa sève et trop promptement brisé les langes de son berceau. On l'a fait homme quand il avait encore besoin de sa nourrice; maintenant qu'il s'en va où chaque chose se perd, n'est-il pas bon et salutaire de dire d'où il est venu, et de constater son origine avant de lire son extrait mortuaire.

La révolution de juillet était accomplie, et la garde nationale de Paris, réunie au Champ-de-Mars, se glorifiait du triomphe que le peuple venait de remporter sur les jésuites, auxquels on ne croyait guère, et sur ce pauvre Charles X, le despote sans contredit le plus benin qui ait été donné à un royaume.

C'était de l'ivresse, une ivresse comme on en avait vu tant d'autres exemples à la fédération de 1790, sous l'Empire et, en 1814, à la rentrée des Bourbons.

Il y avait de l'élan dans les cœurs, de l'enthousiasme dans les voix, du bonheur sur tous les fronts, de la tendresse sur toutes les lèvres. Le nouveau roi était là, salué par ces quatre-vingt mille Français qui acceptaient la lourde charge d'être les représentants du vœu unanime; puis, sous ces remparts de baïonnettes citoyennes s'unissant pour protéger sa tête, il s'avançait, tendant à tous la main, recevant la main de tous.

Or, en ce temps-là, il se trouvait à la fenêtre d'un appartement de Chaillot, donnant sur le Champ-de-Mars, un homme qui, comme toujours, s'était placé à distance des événements et qui les étudiait de loin à la faveur d'un incognito que sa présence même n'aurait pu trahir.

Quel était cet homme? d'où venait-il? où allait-il? quels étaient ses vœux, ses frayeurs ou ses espérances? Ce n'est pas moi qui les révélerai.

Un des compères de ce Louis XI du journalisme, un Tristan l'Ermite au petit pied les a plus d'une fois racontés. C'est sa version que nous allons suivre, sa version que nous adoptons, qui doit être la seule vraie.... elle est la plus ridicule.

M. de Genoude, car c'était lui, est donc là, comme un matelot après le naufrage. Il déplore ses rêves d'ambition trompée, la dictature de police qu'il avait préparée à son ambition, le ministère qu'il convoitait dans un avenir peu éloigné; il envie l'habile sang-froid d'un de ses collaborateurs qui, pendant la tempête, avait pris en main le gouvernail de la *Gazette*, abandonnée par le pilote craintif que le moindre nuage, que le plus petit souffle de vent contraire poussent dans les solitudes champêtres comme vers un asile où, à l'exemple de Sosie, il prend du courage pour les gens qui se battent. A l'aspect de cet enthousiasme, à ces cris s'élançant de toutes les bouches, M. de Genoude saisit un tronçon de la plume qui achevait une cauteleuse philippique, et, la brandissant comme un sabre de bois, il s'écrie, tout étincelant du génie que lui prêtent ses hommes-liges :

« Avec cette plume, je vous démolirai tous. »

La réforme était en germe dans cette menace que Châteaubriand, tout Châteaubriand qu'il est, fit un jour et n'a pas encore réalisée.

Vers la même époque, il se rencontra sur le pavé de Paris deux ou trois sous-préfets que la révolution de juillet jetait sous la remise, qu'elle réduisait au rôle de comparses d'opposition et qui, traînant dans une assez triste obscurité leurs broderies administratives, ne savaient plus à quel saint vouer leur intelligence de bureaucrates.

Une idée jaillit dans un de ces cerveaux, et, au n° 4 bis de la rue des Beaux-Arts, ils posèrent les fondements de cette association de la défense mutuelle, embryon mort-né que M. Genoude confisqua, qu'il enveloppa dans un numéro de la *Gazette*, qu'il couvrit de sa naissante moustache citoyenne et de son habit de garde national à cheval.

C'était alors le bon temps des associations.

On s'associait pour repousser à tout jamais du territoire français les Bourbons de la branche aînée.

On s'associait pour les rappeler.

On s'unissait pour tout et contre tous, et tout cela n'a vécu qu'un jour, et tout cela a passé sans jeter une racine dans le pays, sans même marquer la surface. On a souri de ces graves menées qui cherchaient à maîtriser les événements avec de mesquines combinaisons, avec des haines plus mesquines encore; puis on a marché, et, sous la main du temps qui dompte même la mobilité française, toutes ces passions se sont calmées. La raison est venue conduisant à sa suite la réflexion ou l'indifférence et le désenchantement des partis, décimant les uns, se faisant comprendre aux autres, brisant tous les masques et mettant en évidence toutes les ambitions mauvaises.

La *Gazette* seule s'est immobilisée dans sa pensée; seule elle a voulu donner un corps à la menaçante présomption de son héros plumitif; seule, à travers les événements, elle a poursuivi son rêve, ne sachant à quoi l'employer et frappant à toutes les portes pour le faire adopter par les partis divisés, comme une planche d'opposition dont personne n'avait osé essayer.

La réforme de la *Gazette* était l'ours de Lagingeole, qu'en désespoir de cause elle présentait aux Schahabahams de la France.

Des élections générales arrivèrent. M. Genoude, qui ne prêchait pas encore à Provins dans la chaire de saint Bernard et qui n'attendait pas une croisade de son éloquence négative, voulut comme un autre tenter le sort du scrutin; mais quand il fut bien convaincu que le père Enfantin ou le frère Michel Chevallier inventeraient plus facilement un collége à la hauteur de leurs idées saint-simoniennes que lui vingt électeurs pour comprendre la réforme, la réforme selon le suffrage universel, il força sa vanité à composer avec sa conscience. Tout en refusant le serment, le serment qu'il déclarait ne pas pouvoir prêter par un scrupule bien gratuit, il poussa ses lecteurs aux élections, et protesta le lendemain.

Il ne devait arriver ni par un point ni par un autre. Toutes les avenues lui étaient fermées; la réforme alors fit irruption dans la *Gazette*. Elle prit pour arme la Bible que M. Genoude traduisait sur l'hébreu, avant même de savoir le lire; elle s'appuya en guise d'épée sur les Saints Pères qu'il badigeonne par procureur fondé; on la vit se faire un bouclier de la Vie de

Jésus-Christ que, nouvel abbé Trublet auquel il manque un Voltaire, il a fait compiler sous son nom ; et la réforme s'avança, guerroyant dans le désert, frappant dans le vide, changeant mille fois de principes, se substituant à elle-même et tentant de se faire accepter par une fraction de parti, afin de donner un corps à toutes ses chimères.

Des trois grandes opinions qui divisent la France, aucune ne voulut mordre au grossier hameçon que la *Gazette* lui tendait.

La légitimité siffla.

La république sourit de pitié.

L'opposition dynastique ne daigna pas même discuter.

L'une rêvait la guerre civile en Vendée; l'autre la guerre civile dans les rues de Paris et sur les hauteurs de Lyon, la troisième allait rédiger son fameux compte-rendu : trois coups d'épée dans l'eau.... Par malheur il s'y mêla du sang.

La *Gazette* prêchait la paix, et, quand on la connaît, il faut bien avouer qu'elle avait de bonnes raisons pour cela. Ce n'était pas avec des émeutes que l'on pouvait inaugurer son baiser de Lamourette. La *Gazette* ne descend pas dans la rue. Elle a peur du feu. Le combat lui inspire l'amour des bucoliques et la passion des soins champêtres. Aussi flétrit-elle avec une sainte ferveur les hommes de son parti qui, abusés par elle, par ses Tyrtées de comptoir, par ses spéculateurs de haine, avaient épousé ses principes et mis ses querelles dynastiques sous la sauve-garde de leurs imprudentes épées.

La duchesse de Berri était en Vendée. La *Gazette* la destitua. La *Gazette*, de son autorité privée, créa une reine, et confia le duc de Bordeaux à la puissante protection de madame la dauphine, qu'elle acclama dans ses colonnes, qu'en dépit du droit salique elle sacra sous les voûtes de la chapelle du Plessis, nouvelle basilique de Reims où la contrefaçon de saint Remy faisait et défaisait les rois.

Marie-Thérèse, — et c'est un éloge que nous devons aux hautes, aux prudentes vertus de l'auguste fille de Louis XVI, —

Marie-Thérèse repoussa cette consécration marchande, cette vénération improvisée qui tenait boutique de sceptres, qui, selon les caprices d'un visionnaire politique, mettait à ses pieds une couronne à laquelle ce visionnaire attachait la plus cruelle de toutes les épines. Elle dédaigna cet hommage, elle flétrit de son indignation le Samuel de contrebande qui se donnait mission d'assigner les rangs et de distribuer les trônes.

Le parti royaliste en fit autant. Il blâma avec amertume, et, comme l'a dit M. Berryer avec tant de prévoyant à-propos, il ne voulut pas se laisser emmaillotter dans la soutane de M. de Genoude.

Il fallut frapper à d'autres portes, essayer d'introduire ici, là, partout le fœtus réformateur que la *Gazette* avait emprunté et qu'elle confiait à l'adoption des censeurs émérites et des vieilles Maries égyptiennes non repentantes dont elle s'environne comme d'une garde de vétérans. Ce pêle-mêle de maris trompés ou de coquettes surannées compose autour d'elle un Vatican de bas-bleus, un pandæmonium d'optimistes quand même qui n'ont foi que dans leur orgueilleuse faiblesse.

Les partis étaient usés; les rangs s'éclaircissaient. Le découragement arrivait avec l'indifférence, le besoin du repos avec le désenchantement. M. de Genoude était devenu châtelain. La réforme faisant concurrence au monopole villélien lui avait procuré de grands bois, de fraîches prairies; mais la réforme mourait à la peine, car à cette époque elle brillait de tout l'éclat de son absurdité primitive. Un arrangeur de constitutions lui façonna un nouveau costume.

On lui donna une allure moins souveraine, on tailla dans le vif, émondant, abrégeant, rendant moins obscur ce qui était abstrait, dénaturant ce que la raison publique ne pouvait accepter. De cet enfant changé en nourrice et toujours reconnu par son père, comme un dernier moyen d'abonnement, on créa le suffrage pétitionnaire à deux degrés qui met l'élection entre les mains de la propriété, mais qui frappe d'interdit le prolétaire, ou ne lui laisse que le droit d'être vaincu sans combat, ce qui, du reste, s'accorde assez mal avec le fameux axiome de la *Gazette :* que tout garde national soit électeur! que tout électeur soit éligible! la recette la plus incontestablement féconde en révolutions sociales.

La république pleurait ses malheurs récents. La *Gazette*, pour la première fois de sa vie, courtisa le vaincu, elle flatta la presse révolutionnaire, elle se mit à deux genoux devant elle, implorant de sa rude pitié quelque chose qu'à toute force il fût possible de prendre pour une avance, quelques paroles qu'elle pût traduire en congratulation de sympathie.

La presse révolutionnaire n'avait rien de mieux à faire pour le moment, elle laissa tomber sur la *Gazette*, qui se pâma d'aise, de ces flatteries restrictives que celle-ci paie au centuple. La révolution s'étonna de ces mielleuses parodies nationales, de ces protestations de liberté, d'égalité, de fraternité, que, chaque jour, les colonnes du journal-prêtre étalent avec un si candide dévergondage; puis, la *Gazette* monta sur les toits et elle cria, au nord comme au midi, à l'orient comme à l'occident:

« C'est moi qui conduis la France; la France s'est réfugiée sous ma soutane; de noire qu'elle est, je saurai la rendre rouge. Voici la Fronde. J'en ferai sortir mieux qu'un cardinal de Retz. »

Le Richelieu tant prédit à la *Gazette* ne sera pas même un capucin.

Le père Joseph aurait honte du parallèle; mais cette outrecuidance qui a l'air de traîner la nation à la remorque d'un système renié par tous les hommes raisonnables, par tous les organes de son parti, que la *Quotidienne* suit avec défiance, que l'*Echo*, que le *Journal des Villes et des Campagnes* repoussent avec une heureuse sagesse, et que la *France* anathématise en lui criant avec juste raison : « la *Gazette* nous fait horreur ; » cette outrecuidance doit avoir un terme.

Quelle est cette réforme dont la *Gazette* et ses truchements de provinces, — pauvres hères auxquels elle ne jette même pas une miette de ses splendides festins, — vocifèrent avec tant d'enthousiasme le triomphe et l'avénement ?

D'où vient-elle? vous le savez.

Que veut-elle? voilà le mystère.

Demandez-en l'explication à tous les journaux qui la prêchent, à tous les citoyens qui sont censés la cautionner de leurs signatures, aux quelques électeurs qui portent ses mandats, personne n'y comprend rien; mais tout le monde vous dit que la réforme détruira les abus, calmera les haines et réunira la France sous une même volonté.

Soit, de quelle France entend-on parler? est-ce de celle qui provoquait l'association pour exiler à tout jamais la famille des Bourbons du sol natal, ou de cette France qui pleure encore ses anciens rois et qui, chaque jour, maudit la révolution dans ses œuvres vives? Il y a encore une troisième France qui a appelé Louis-Philippe au trône, qui l'a défendu contre les chouans de la Vendée et les barricadeurs de Paris.

La réforme unira-t-elle dans le même oubli, confondra-t-elle dans le même vœu le journal qui fomentait la guerre contre la dynastie des Bourbons, qui lui jurait haine éternelle, et la *Gazette*, qui, après ses intérêts mercantiles, bien entendu! ne doit voir de salut que dans le rétablissement du vieux trône? Sur quel terrain vont se placer ces deux partis toujours hostiles, toujours en guerre et qui se détestent avec une de ces cordialités dont la preuve est chaque jour au bout de leurs plumes?

Pour un triomphe d'amour-propre, la *Gazette*, nous le savons, ferait, avec bonheur, le sacrifice de ce qu'elle appelle ses convictions. Elle serait révolutionnaire s'il le fallait et si la révolution avait besoin de son concours. La révolution compte sur elle, mais elle, la *Gazette*, peut-elle s'attendre à la même réciprocité? Peut-elle répondre qu'à un jour donné la république, que ses sermons ne convertiront jamais, — car il y a des prédicateurs qui jouent de malheur en fait d'homélies, — peut-elle répondre qu'elle amènera sous le giron de la légitimité les esprits rebelles, les convictions opposées, et qu'elle soumettra à la puissance des vœux légitimistes cette masse d'opinions démocratiques, toujours prêtes à repousser l'ennemi commun?

Qui abuse-t-on donc dans tout ce grand jeu réformateur dont on cherche à faire tant de bruit? La garde nationale veut, dit-on, user du droit électoral; elle le demande; admettons qu'elle l'obtiendra. Quand ce pas sera fait, où ira-t-on? la *Gazette* sortira-t-elle tout armée de l'urne des scrutins, et sur l'autel de la patrie la verrons-nous, priant et jeûnant en public, offrir comme amende honorable son principe de légitimité qu'elle a tant de fois proclamé? ou bien la garde nationale, qui a détrôné Charles X au cri d'à bas les jésuites, s'agenouillera-t-elle aux pieds de l'abbé Genoude, implorant son absolution et faisant pénitence des trois jours?

Dans cette alternative est toute la question, la question dégagée de tous les sophismes électoraux dont on l'enveloppe, la question réduite à sa plus simple expression, au point où il faut la voir.

Si la réforme électorale, qu'une minorité de la garde nationale sollicite par voie de pétition, a pour but de neutraliser les haines, de réunir, comme dirait l'apocalyptique abbé Genoude, le loup, l'agneau et le berger sous la même houlette; si, à un signal convenu, les animosités s'apaisent, les discordes s'éteignent, les esprits se prennent d'une belle passion pour tout ce qu'ils ont flétri jusqu'ici; si on brûle ce qu'on a adoré, si on adore ce qu'on a brûlé; si l'âge d'or, que la *Gazette* a jadis réalisé pour elle seule, brille enfin pour tous; s'il n'y a plus de partis en France, si tout le monde est heureux, eh bien! donnez-nous la réforme, nous l'acceptons de grand cœur, même venant par raccroc et par une ces supercheries auxquelles on se laisse aller sans en être dupe!

Mais si la réforme n'est qu'un cri d'agonie des partis aux abois, si elle doit abuser la France et la lancer dans de nouvelles calamités en rouvrant des plaies que le temps à cicatrisées à moitié, si elle ne doit pas consacrer tous les droits et donner au monde un de ces exemples de fraternité qui mettent hors de combat tous les enfants empressés à déchirer le sein de leur mère, que sera la réforme? que pourra-t-elle? que fera-t-elle ?

Avec de grands mots bien sonores, avec des phrases tour à tour pleines de miel et d'absinthe, on peut, il est vrai, toujours tromper le peuple, toujours l'amener par une voie ou par une autre dans le précipice où l'on veut le plonger ; mais le peuple, qui a ses égarements, a quelquefois, en dépit de ses flatteurs, des jours de lumière, des éclairs de raison. Alors il brise comme un jouet les malheureux qui l'ont entraîné sur le bord de l'abîme. Les propagateurs de la réforme ne craignent-ils pas une de ces justices souveraines ?

Et quand les masses jouiront du pauvre droit de faire des députés, en seront-elles plus heureuses ?

Y aura-t-il moins de corruption parce que M. Genoude sera parlementairement honorable ?

Y aura-t-il plus de mœurs quand M. de Lourdoueix viendra se pavaner à la tribune et achever *la Raison Monarchique* sur les banquettes du pouvoir législatif ?

C'est à cela qu'il faut s'arrêter, car c'est le point important. Il ne s'agit pas de faire de toute la France une masse électorale, et de lui donner un droit dont la garde nationale n'use pour l'élection de ses officiers qu'avec une dédaigneuse sobriété, dont plus d'une fois les journaux se sont amèrement plaints. La minorité seule se présente partout pour nommer ses chefs, elle abdique un pouvoir qui, après tout, est assez futile, et qui ne vaut pas un quart-d'heure de bonheur ; elle l'abdique hautement, malgré la puissance de la presse voulant la forcer d'entrer dans la vie politique et de servir ses passions; elle l'abdique parce que l'ouvrier a besoin de travail, parce qu'il s'inquiète fort peu de toutes ces menées qu'on arrange à son insu et où on le mêle en lui disant qu'on travaille pour lui et par lui.

Les réformistes savent cela aussi bien que nous ; mais la

réforme est un mot d'ordre, c'est une espèce de laisser-passer qu'ils veulent donner à toutes leurs utopies, une garantie que les uns demandent pour faire triompher la révolution, que les autres implorent pour replâtrer une restauration villélienne, dont ils seraient les seuls usufruitiers, et tous pour se glisser au pouvoir, ou pour faire d'une opinion quelconque une marchandise dont on a trafiqué dans tous les temps.

C'est tout ce que vous voudrez, excepté une chose raisonnable, une chose applicable et qui peut avoir d'heureux résultats.

Il y a maintenant à Paris, comme dans l'ancienne Rome, des aruspices qui interrogent les entrailles des victimes, mais qui, tout en rendant leurs oracles, ne peuvent se regarder sans rire ainsi qu'au temps de Cicéron. Ces aruspices régenteront-ils longtemps la raison publique? la mèneront-ils à la lisière comme un enfant? et, aveuglés par leur superbe, perdront-ils encore une fois la France en jouant aux révolutions? Ce n'est point à la presse de l'opposition que nous nous adressons.

Ce n'est pas elle qui a escamoté à de pauvres carlistes destitués l'honneur de l'invention réformatrice; ce n'est pas elle qui a placé ce levain de démocratie entre le château féodal du père Genoude et ses titres de noblesse conquis, comme le castel, à la pointe de l'hypocrisie monarchique et du dévouement tarifé; c'est la *Gazette* que nous prenons à partie : le ridicule vient de son fait, il faut qu'il y retourne comme source.

De son parti il s'élève contre elle des cris de malédiction, car elle l'a trahi bien souvent, car la devise de M. Genoude, celle du vieux Dauphinois,

« Faux, fin et courtois, »

cette devise dont, dans le caractère du réformateur modèle, la première qualité efface les deux autres, s'est vérifiée avec tant de persistance qu'aujourd'hui les légitimistes honnêtes ont passé condamnation. Ils ont été trompés par ce prêtre qui s'est bâti une espèce de réputation avec vingt réputations qu'il a étouffées. La révolution, à son tour, voudra-t-elle accorder à ce tenant d'arbitraire quand l'arbitraire avait à distribuer des brevets d'imprimeur, des titres de noblesse, des maîtrises aux requêtes, des croix et des subventions, une confiance que la légitimité lui a retirée? La *Gazette* chante l'alleluia de démolition, elle entonne l'hymne qu'elle a façonné pour abuser encore la crédulité publique et entretenir son crédit, expirant sous l'abâtardissement d'une phraséologie mystico-démocratique.

Faut-il laisser continuer la comédie qui se joue, et la France n'a-t-elle pas enfin payé assez cher le droit d'exiger que la toile baisse sur cette parodie de 89 pouvant sans transition conduire à 93.

A ces deux époques, si rapprochées l'une de l'autre par les innovations et par les crimes, il y avait tout ce qu'on demande aujourd'hui, le suffrage universel, six millions d'électeurs et des rêves d'incommensurable félicité, rêves de popularité, rêves de réforme, rêves d'amélioration de toutes les espèces. Pour s'en convaincre, qu'on jette un rapide coup d'œil sur ce qu'en dit Anquetil dans son histoire de France :

« Les états s'ouvrirent, raconte-t-il, par une procession » solennelle. On y voyait des évêques, dont la dignité et les » bienfaisantes fonctions inspiraient le respect et la confiance, » des curés, leurs aides, dignes du même hommage; des guer» riers défenseurs de la patrie, décorés du signe honorable de » leur bravoure. Enfin, dans le tiers, des jurisconsultes or» ganes de la justice; des médecins dévoués au soulagement » du pauvre comme du riche; ceux qui font fleurir le com» merce par l'industrie; ceux qui fertilisent les campagnes » par leurs soins et leurs travaux; ceux qui exercent et per» fectionnent les arts; ceux dont les études secrètes propagent » les lumières; *tous représentant la nation* et honorés de ses » suffrages.... Quel homme, à cet aspect, ajoute l'historien » Anquetil, quel homme n'aurait pas conçu les plus grandes » espérances pour le bonheur futur de la France? »

Des espérances et du bonheur!

N'est-ce pas là ce que promettait la réforme de 89, si vivement regrettée par les prôneurs de celle de 1842, et qui devait comme aujourd'hui changer la face du pays et verser le miel de l'âge d'or sur toutes les existences?

A son nom seul, que les assemblées populaires de Vizille et de cent autres cités proclamaient comme un bienfait, la patrie s'ébranla! or, faut-il encore dérouler à tous les yeux ces tableaux de misère, de honte et d'opprobre qu'enfanta la réforme? Est-il besoin de remuer le sang pétri dans la boue qui coula par tous les pores de la France? Ou pour retourner à ces néfastes saturnales, faut-il donc nous envelopper dans un réseau de forfaits et nous jeter tout vivants aux gémonies de la révolution?

Que veut-on?

Le vote universel? Vous l'avez eu.

Six millions d'électeurs?

Mais vous les aviez. Ils ont commencé par élire Marat. Ils ont fini à Philippe d'Orléans-Egalité et à Robespierre.

Afin de les tenir en haleine, afin de les avoir toujours sous la main, la Convention décréta une allocation de quarante sous par jour aux ouvriers qui prouvaient avoir passé leur journée dans les clubs ou dans les comices électoraux.

Pour avoir des travailleurs en matière électorale, vous n'avez pas songé à ce moyen, le seul efficace alors, le seul efficace toujours? Vous comptez des signataires sur vos listes, vous n'aurez pas d'électeurs dans vos colléges, car il faudrait les enlever à leurs travaux par l'appât du gain, et à la France qui oublie jusqu'à son histoire, vous n'osez pas encore remettre sous les yeux ce fatal tableau; le voici pourtant :

Les premiers jours de 1789 furent beaux. C'était comme aujourd'hui l'aurore d'une ère nouvelle; cinq mois après, Louis XVI était fait prisonnier par son peuple; puis, au nom de la réforme dont il avait été l'un des plus ardents, l'un des plus honnêtes promoteurs, Louis XVI mourait sur un échafaud que devaient ensanglanter, après lui, tous ceux qui s'étaient prêtés à ce grand mouvement dont, malgré les agitations de l'époque actuelle, nous espérons bien qu'il sera impossible de ressusciter les folies.

Pour donner un corps à vos chimères, vous évoquez les souvenirs de la vieille monarchie et vous ne dites pas comment elle périt et vous n'osez pas secouer le linceul enveloppant tous les cadavres qui, avant vous, se firent du suffrage universel une arme à deux tranchants dont le peuple fut frappé au cœur, après avoir vu frapper la monarchie à la tête.

La France ne veut plus de ces jours d'enivrements, parce qu'elle ne veut plus de révolutions, plus de victimes, plus de martyrs. Que peut-elle donc faire de cette réforme qui ne s'adresse qu'aux ambitions de village et qui ne corrigera jamais les mœurs, les lois, les préventions, les haines et les misérables passions de toute sorte dont nous sommes travaillés?

HISTOIRE

DE

M. DE GENOUDE ET DE LA GAZETTE DE FRANCE

—

I

Dans un but que l'on cherchera sans doute à assimiler au nôtre, la *Gazette de France* entreprit un jour l'histoire politique et anecdotique du *Journal des Débats*. Sans s'apercevoir de la poutre qui était dans son œil, elle découvrit, avec le microscope de sa charité sacerdotale, la paille qui se trouvait dans l'œil du voisin, et elle enfla si habilement cette paille qu'elle en fit un fagot.

Le *Journal des Débats* n'a pas voulu relever le gant que M. de Genoude lui jetait. Le *Journal des Débats* s'est contenté de harceler par de mordants sarcasmes les utopies de la *Gazette*. Il a changé le terrain du combat, et, ouvrant à d'autres agresseurs ses colonnes toutes joyeuses de con-

2

tenir une attaque, il a laissé le soin de sa vengeance à des prêtres, souscripteurs mécontents de la Bible et des Saints Pères sur lesquels spécule M. de Genoude.

On pense bien que nous ne venons pas prendre en main la cause des *Débats* et nous porter les champions de ce journal; mais nous avons trouvé la planche faite, l'exemple donné; mais nous avons cru que ce que la *Gazette* avait entrepris dans un intérêt personnel pouvait se continuer dans un intérêt général, et, nous attachant au précepte des Saintes Écritures, qui, selon la traduction de la rue du Doyenné, demande œil pour œil, dent pour dent, nous avons pensé, à notre tour, qu'il y avait justice et utilité à mettre sous les yeux de la France l'histoire politique et anecdotique de ceux qui tentent de s'imposer à l'opinion publique comme des régulateurs dont souvent, et avec raison, elle dédaigne les conseils.

Ces régulateurs, avons-nous besoin de le dire? ne nous sont connus ni par le bienfait ni par l'injure. Nous sommes donc, à leur égard, dans toutes les conditions exigées par Tacite pour écrire l'histoire.

On nous a souvent demandé quel avait été notre but, quelles étaient nos espérances, lorsque, emporté par la passion du vrai qui, elle aussi, doit parfois avoir ses colères ou ses jours d'équité, nous racontions l'origine de la réforme, énergique préambule qui a ouvert bien des yeux et fait réfléchir plus d'une intelligence politique.

Notre but était bien simple. Nous voulions flageller la coupable audace de certaines gens qui, de grand cœur, sacrifieraient la France à de misérables triomphes d'amour-propre, et qui, pilotes inhabiles, entraîneraient la monarchie sur les récifs inconnus qu'ils ont rêvés pour piédestal à leur vanité.

Nous sommes dans un siècle où tout le monde veut rendre justice à tout le monde, où chacun cherche à être classé au moins selon ses œuvres, et où, sans pitié comme sans merci, on frappe sur le vaincu avec une ardeur dont la *Gazette*, qui a souvent donné cet exemple, doit au moins, dans son for intérieur, blâmer la tenacité peu chrétienne. Nous qui ne sommes les exécuteurs des hautes et basses œuvres d'aucun parti, nous avons voulu dire aussi notre mot dans les graves conflits qui s'élèvent de toutes parts ; nous avons marché droit au vainqueur qui, se drapant dans sa prétendue victoire, commandait à ses serfs de tresser la couronne sous laquelle devait rayonner son front.

De notre main, qui n'avait pas même de fronde, nous avons, nouveau David, essayé d'ébranler le Goliath de la réforme ; puis, à travers les crevasses de la soutane, que tentaient de cacher à tous les yeux d'immenses lambeaux des Saints-Pères mutilés par d'informes compilations, nous avons découvert à l'œil nu le défaut de la cuirasse. Nous avons toisé le colosse aux pieds d'argile, et, en voyant à terre ce cardinal de Retz à l'état d'embryon, il n'est pas d'homme qui, prenant la contre-vérité du propos tenu par Henri III devant le corps du duc de Guise, ne se soit écrié avec nous : Je ne le croyais pas si petit.

L'histoire politique et anecdotique de la *Gazette* en sera l'incontestable preuve; mais ce n'est pas l'histoire de la *Gazette de France* étudiée à son origine, quand d'Hozier, en 1631, la fonda et la confia aux trois Renaudot, dont lui, le grand généalogiste, se faisait la nymphe Égérie aux écoutes chez Richelieu. Ce n'est pas cette histoire que nous entreprenons; il ne faut remonter ni si haut ni si loin ; l'époque actuelle a besoin d'enseignements pris sur le fait, de leçons vivantes, et dont l'application puisse à l'instant même se présenter. D'ailleurs quel profit retireraient les esprits de cette revue d'écrivains inconnus, de gazetiers suivant de loin la cour et ne se mêlant ni au mouvement des masses, ni aux prévisions de l'intelligence?

Le journalisme à cette époque n'était pas une mission ; on le laissait au plus bas rang des métiers, juste au niveau où tant de plumes mercenaires cherchent encore à le rabaisser, tout en faisant arme de leur consciencieuse indépendance, tout en trafiquant de leurs convictions monarchico-religieuses dont la restauration a connu le tarif.

Que nous importe à nous, hommes d'un siècle qui a passé par tant de phases, cette série de journalistes anonymes qui, pendant deux cents ans, ont jeté dans les colonnes de la première *Gazette* leurs travaux, leurs pensées, leurs désespoirs ou leurs jubilations? A quoi bon même exhumer de l'oubli où notre génération les tient, des noms qui, à une autre époque, brillèrent d'un assez vif éclat dans les colonnes de ce journal, dont M. de Jouy faisait les beaux jours avec ses *Ermites* cosmopolites, et qui, de chute en chute, de misère en misère, expira enfin à la porte de la liste civile, entre une subvention qu'il mendiait et une aumône que l'on ne voulait plus lui faire?

C'est alors que, dans les régions infimes du journalisme monarchique, il s'agitait un homme qui, à toute force et par tous les moyens, voulait arriver à une position, et que cet homme s'était saisi d'un journal comme d'un levier dont il était impossible de le séparer.

Cet homme était descendu de ses montagnes sans avenir, sans fortune, n'ayant que son ambition pour toute espérance. Il était royaliste en 1814, comme tout le monda l'était à cette époque, les uns par dévouement à la cause des Bourbons, les autres par crainte de la conscription, et tous peut-être par cet incessant besoin de changement qui nous pousse à adorer de nouveaux dieux, à porter à tous les autels un encens que nous prodiguons avec autant de facilité que nos dédains. C'était l'heure des dévouements et des récompenses, l'heure d'un martyre sans péril, le moment où l'autel et le trône, toujours en danger, étaient sans cesse sauvés par des miracles de sacristie ou par les vieilles fidélités de l'émigration dont M. de Lourdoueix, alors au service de M. Decazes, s'amusait à crayonner la caricature.

En ce temps-là on était *ultrà* comme hier encore, avant l'invention de la pétition sur la réforme, un garde national se trouvait Tamerlan; on courait sus au bonapartisme expirant et au libéralisme naissant des cendres impériales, comme naguère on anathématisait les carlistes et les républicains. C'était la même époque, la même irritation, les mêmes calomnies, sans doute aussi les mêmes ambitions.

Dans ce conflit de passions contraires, cet homme, encore jeune, épousa le parti vainqueur. Il s'en fit le Séide, Séide obscur, il est vrai, mais plein de bonne volonté, et, il faut le dire, d'intelligence; mais brûlant de l'entraîner dans des voies encore plus tranchées, bien persuadé que d'une scission complète entre la royauté et le libéralisme dépendait la meilleure partie de son avenir.

M. Eugène Genoude promena longtemps dans le désert ses rêves d'ambition toujours trompée et son enthousiasme d'ultrà qui ne lui rapportait rien. La réflexion vint à la suite d'un premier désenchantement. Alors il comprit qu'il lui fallait un protecteur. Le prince Jules de Polignac se trouva sous sa main; le prince Jules eut un client de plus; mais un de ces clients qui se prêtent à plus qu'on ne veut, que rien ne rebute, mercenaires payés pour siffler ou applaudir, écrivains à gages auxquels on jette une réputation à ternir ou une célébrité d'emprunt à élever. M. Genoude ne fut sans doute pas reçu à ces conditions : le prince ne les faisait pas.

Pour s'avancer dans ses bonnes grâces, il fallait seulement afficher les dehors de la piété, et être royaliste un peu plus que le roi. La vocation de M. Genoude fut décidée ; il devint monarchique avec toutes les ardentes convictions de ce temps-là, monarchique sans alliage, pourfendant de sa plume de volontaire royal toute idée de démocratie, s'évertuant avec de grands mots contre cette malheureuse charte de 1814, presque aussi révolutionnaire à ses yeux que l'était encore le cahier des charges et les réformes de 1789, choses si bénignes aujourd'hui.

Mais ces combats, que tant d'autres livraient avec plus de succès et de talent que lui dans le *Conservateur* et dans le *Drapeau blanc*, ne le menèrent ni à la fortune, ni aux honneurs. Portrait d'antichambre perdu dans le vestibule de M. de Polignac, il tenta de s'arracher à cette obscurité qui faisait son tourment. Après avoir eu l'air de compulser pendant quelques semaines les gigantesques travaux que tous les savants, que tous les théologiens, que tous les géologues, depuis saint Jérôme jusqu'à Cuvier, ont accumulés sur les textes des livres saints, il s'élança un jour du séminaire de Saint-Sulpice une traduction de la Bible à la main, et il se présenta à son siècle comme le Christophe Colomb des Écritures.

C'était pour lui un coup de partie. Il le joua avec audace, comme un homme qui n'avait rien à perdre et tout à gagner. On l'accusa de plagiat. On fut plus loin; on prouva que cette traduction tant vantée, que ces notes, si resplendissantes de longues et studieuses recherches, n'étaient pas, ne pouvaient pas être le fait de ce jeune homme, qui connaissait à peine les premiers rudiments du latin. Des noms propres furent jetés dans la discussion.

On invoqua en témoignage celui de M. Garnier, le savant professeur d'hébreu de ce séminaire de Saint-Sulpice, d'où M. Genoude était sorti un manuscrit à la main.

M. Garnier, qui, dit-on, pouvait se porter le principal accusateur d'un fait que le prétexte même de l'intérêt de l'Église n'aurait point excusé, M. Garnier se tut par une charité dont sans doute M. Genoude a bien dû lui tenir compte. On ameuta contre l'heureux traducteur le ban et l'arrière-ban de tous les hébraïsans; tous les hébraïsans sont mis à l'index de M. Genoude. M. Genoude en appelle à ses principes religieux, à sa foi monarchique; il est la victime désignée, le point de mire de la révolution, la voix qu'on veut étouffer sous la calomnie. Le faubourg Saint-Germain prend fait et cause pour le saint Jérôme français, qui, en cinq ou six mois d'études, avait surpassé tous ses devanciers. M. Genoude fut adopté comme un martyr, salué comme un polyglotte vivant, offert en exemple à tous les servants d'autel et de trône qui avaient quelque ambition dans le cœur, quelque esprit d'intrigue dans la tête. Puis, toutes les mains ridées des vieilles douairières lui tressèrent une couronne, lui arrangèrent une ovation.

Vous rappelez-vous, au Théâtre-Français, Monrose dans les *Trois Quartiers* présentant à tout le monde cette bonne figure de Cartigny *qui avait vu Bolivar?* M. Genoude n'en pouvait dire autant; il n'avait pas vu Bolivar, lui; mais il savait l'hébreu. C'était bien plus phénoménal, bien mieux à l'adresse surtout du parti dont il se faisait l'instrument. Dans tous les salons qui s'ouvraient devant lui, dans tous les boudoirs où il était admis sans conséquence, ce n'était pas un homme que l'on introduisait, un simple mortel que l'on recevait; il y avait de l'idéal sur son front, de la prédestination dans ses yeux.

— Je vous présente M. de Genoude qui sait l'hébreu! disait son cornac à la porte d'entrée des salons.

— M. de Genoude qui sait l'hébreu! acclamaient toutes les duchesses ayant tabouret à la cour, toutes les marquises édentées, tous les vieux gentilshommes qui ne savaient rien.

— M. de Genoude qui sait l'hébreu! répétaient les jeunes filles que ce seul mot épouvantait; c'était plus que la comédie des *Trois Quartiers*. Il y avait quelque chose des *Femmes Savantes* de Molière, moins, j'imagine, le baiser pour l'amour du grec.

Ce passeport donné par une bienveillante crédulité à une ambitieuse ignorance fut un marchepied sur lequel M. Genoude se posa et dont il n'a jamais voulu descendre.

Le faubourg Saint-Germain le prit sous sa protection. On lui sut gré de sacrifier quelques heures des savants travaux dont on croyait son esprit occupé pour venir se mêler aux intrigues politiques et aux plaisirs qui, en ce temps, se menaient de front. On lui tint compte de mille et une de ces petites complaisances auxquelles se pliait avec tant de facilité ce génie que l'on plaçait toujours comme un Moïse sur son Sinaï. M. Genoude, que le hasard servait si bien, voulut mettre à profit l'engouement que son hébreu avait fait naître; il demanda un titre, des décorations, des faveurs : il fut noble par ordonnance, en attendant une généalogie qu'un d'Hozier parasite lui a fabriquée plus tard, chevalier de je ne sais trop combien d'ordres, contre la prostitution desquels il n'avait pas encore élevé sa voix, si puritaine aujourd'hui; il devint le commensal obligé de tous les hôtels où la religion s'appuyait sur la monarchie, et ces hôtels étaient nombreux.

Le prince de Polignac avait commencé la fortune du petit Dauphinois; il ne voulut pas laisser son œuvre incomplète. M. le chevalier de Genoude fut présenté par lui au vicomte Mathieu de Montmorency, que le roi Louis XVIII allait bientôt appeler au ministère.

C'est à cette époque que se développe, dans M. de Genoude, l'aptitude politique que tout le monde lui sait, et que prend vie dans son esprit la future *Gazette de France*.

Jusqu'à ce moment le petit Dauphinois a combattu, écrivain à peu près ignoré, dans les rangs infimes de la presse, brisé des lances émoussées contre le ministère Decazes, qui a dédaigné ses services. Dans le *Conservateur*, où il a passé sans bruit comme un comparse de tragédie, comme une ombre faisant ressortir d'un plus vif éclat la lumière qu'y répandaient à pleines mains Châteaubriand et Lamennais, Delalot et Bonald, il ne s'est signalé que par une attaque contre des pamphlets d'un gallicanisme trop anti-papal que M. de Lourdoueix, maintenant son compère, venait de publier entre les *Folies du siècle*, qu'ils continuent tous deux, et ses *la Jobardière*, dont ils sont les types réformistes.

Mais si, au *Conservateur*, M. le chevalier de Genoude a été oublié par tout le monde, lui du moins ne s'y est pas oublié. D'*épreuves* en *épreuves*, comme la Harpe de chute en chute, il ne s'est pas improvisé écrivain; il n'a pas conquis aussi facilement la science du journaliste que le brevet de passé-maître en fait d'hébreu; mais il s'est créé une autre spécialité plus à sa portée.

C'est l'homme d'affaires du *Conservateur*, le gardien de

ses intérêts pécuniaires, l'homme habile qui écarte les uns, qui étouffe les autres, qui se sert de celui-ci comme d'un rempart, de celui-là comme d'un bélier pour battre en brèche tous les obstacles dont sa route est semée. Peu à peu, et par mille détours, il a su mettre à l'écart les talents qu'il jalouse, les amis qu'il trompe, les influences qu'il redoute ; puis, s'attachant au pan de l'habit de M. de Villèle, il se laisse traîner par le député de Toulouse jusque dans les bureaux de l'*Étoile*, où il va tenir le sceptre du ministérialisme et donner à ses successeurs de la presse gouvernementale des leçons qu'il leur sera bien difficile de surpasser.

II

L'*Étoile* était un journal dévoué corps et âme au ministère dont M. Pasquier faisait partie. Elle avait été créée dans cette intention. A son baptême, on lui avait donné la livrée ministérielle, quand M. Germeau, aujourd'hui préfet de la Moselle, la présenta à l'adoption de M. Pasquier, qui le voyant presque d'un œil de père, s'arrangea si bien que les actions de cette feuille ne furent cotées que dans les bureaux. On en fit prendre à tous les ministres, qui, peu jaloux de paraître en nom dans une pareille affaire, investirent les commis de leurs droits, et laissèrent le journal marcher dans la voie que M. Germeau, son fondateur, lui traçait. L'*Étoile* n'était pas née plus viable que le ministère Pasquier ; elle allait mourir de sa belle mort, lorsque M. de Villèle qui s'emparait du pouvoir, sentit la nécessité de conserver un journal sur lequel il serait toujours facile d'exercer à peu de frais une influence gouvernementale. M. le vicomte Mathieu de Montmorency fut consulté ; il applaudit à l'idée du président du conseil ; cette idée lui offrait la chance de placer avantageusement M. de Genoude, son protégé, et, pour royaliser l'*Étoile,* celui-ci en fut nommé directeur.

M. de Genoude avait fait ses preuves. Il professait d'ardentes convictions monarchiques. Il avait bataillé contre le ministère Decazes ; et après la publication des magnifiques articles de Châteaubriand sur la Vendée, il s'était senti le courage de déteindre sur ce noble pamphlet. On l'avait vu, au pas de course, traverser le Bocage, interroger en passant toutes ces muettes douleurs, et ne poser son doigt dans les plaies Vendéennes que pour accrocher son nom à cette retentissante célébrité.

De retour à Paris, il taille en plein vif dans les vieilles chroniques. Il met en ordre quelques notes enlevées à la volée ; et, dans un moment de réaction, lorsque la monarchie semblait revenir à la Vendée, M. de Genoude lance cette espèce de compilation, tribut d'hommage que l'écrivain a su mieux exploiter que les héros n'ont exploité leurs sacrifices. C'était une habile concession faite à l'esprit dominant de l'époque, concession que M. de Genoude s'est bien gardé de renouveler en 1832. Il y aurait eu alors péril et gloire à l'entreprendre.

Toujours est-il que dix ans auparavant la Vendée fut sa protégée, et que sous ses auspices il entra à l'*Etoile*, où M. de Montmorency lui avait fait une place.

A partir de ce jour, l'*Etoile* convoita, l'*Etoile* obtint tous les monoples; monopole de subventions, monopole de nouvelles, monopoles patents, monopoles secrets; elle attira tout vers elle, frappant à toutes les portes, mettant la main dans toutes les bourses, et, champion intéressé du pouvoir, accablant de toutes ses colères les diverses oppositions qui ne trouvaient pas tout pour le mieux, depuis que le Pangloss du Dauphiné s'était ceint les reins de la corde du ministérialisme.

Pour lui, on avait créé beaucoup de priviléges, fait taire bien des lois, imposé silence à bien des convenances. L'*Etoile* était devenue le journal des préfets et des communes; le fonctionnaire était tenu de s'y abonner, oui tenu, sous peine de libéralisme et de ce qui s'ensuivait. Un abonnement à l'*Etoile* était le thermomètre de l'opinion. On vous la mettait sur la gorge; on vous l'offrait comme un laisser-passer; c'était pour vous une question de vie ou de mort; et nous connaissons encore des fonctionnaires publics qui dans leurs états de service comptaient avec de légitimes espérances un renouvellement trimestriel à la feuille de M. de Genoude.

Son crédit pourtant ne grandissait pas encore assez

à son gré. Le nom de l'*Etoile* venait d'être mêlé d'une déplorable façon à des tripotages de Bourse qui se déroulaient en police correctionnelle, quand elle sentit le besoin de frapper un grand coup pour conserver son crédit ébranlé par les révélations judiciaires.

A toutes les immunités dont le journal ministériel était comblé il fallait en joindre une dernière et donner à l'*Etoile* un droit dont aucune feuille publique n'avait encore joui. M. de Genoude se mit en quête. Quels ressorts fit-il jouer? quelle influence employa-t-il? quelles promesses jeta-t-il aux pieds du ministère?

C'est ce que la *Gazette de France*, si amante de l'égalité politique et du droit commun, devrait bien nous apprendre; mais un jour il fut donné à l'*Etoile* de ne déposer ses feuilles qu'avec les lettres; elle eut l'illégal privilége de ne mettre ses numéros à la poste qu'à cinq heures du soir, se réservant ainsi une faculté que le *Moniteur* même n'a pas, faculté qui lui permettait de devancer tous les autres journaux. On cria contre cet abus. A la chambre, dans la presse, mille voix s'élevèrent pour flétrir tant de partialité. M. Genoude laissa, en souriant, passer tous ces orages sur sa tête, et dans ces énergiques protestations ne voyant que des calomnies libérales, il se consola en jetant, par cette industrie nouvelle, les fondements d'une fortune que les subventions avaient commencée.

Il travaillait pour Dieu et le roi. Il se dévouait pour

l'autel et le trône. Ne fallait-il pas que des services aussi désintéressés trouvassent un peu de reconnaissance ici-bas ? Mais M. Genoude n'était pas seul pour en tirer parti.

Le fondateur de l'*Étoile*, homme de bruyants plaisirs et de facile accommodement, quand le plaisir n'avait plus crédit, était un embarras pour les saintes aspirations vers le trésor dont son confrère en direction était travaillé. M. Germeau faisait obstacle. En encourageant ses goûts de luxe, en lui offrant sa bourse avec une de ces amicales attentions dont plus tard on sait assez mauvais gré à la prévoyance égoïste, M. Germeau fut à peu près évincé de la direction. Des crocs-en-jambes, qu'avec sa spirituelle bonhomie bretonne, M. de Corbière désignait sous le nom de *finesses répréhensibles*, écartèrent M. Germeau, et de l'*Étoile* qu'il avait fondée, et du ministère de la justice où il occupait un emploi. Alors, maître unique sous l'inspiration du pouvoir, M. de Genoude se laisse emporter à tous ses élans de gratitude.

L'intervention en Espagne, arrachée au congrès de Vérone, était une pierre d'achoppement pour le conseil.

M. de Villèle d'un côté, M. de Montmorency de l'autre, se divisaient sur la question et ne pouvaient s'accorder sur les moyens. L'un désirait la faire avec ses plans financiers, l'autre avec ses idées chevaleresques.

L'*Étoile*, que mille passe-droits avaient affriandée, l'*Étoile* qui absorbait tant de priviléges, n'avait pas encore obtenu celui d'écouter aux portes. Pour régler ses indécisions et donner aux difficultés du moment la couleur la plus avantageuse à son avenir, peut-être aussi par une confiance aveugle en son influence, elle crut devoir embrasser la cause de son premier bienfaiteur. Elle évoqua donc, avec une entrainante chaleur, les grands noms du Cid et des Montmorency. Elle appela à l'aide de sa polémique tous les souvenirs historiques, toutes les belles tirades que le faubourg Saint-Germain put lui prêter sur les révolutions qu'il fallait combattre à outrance.

M. de Villèle fut effacé. On ne songeait à lui qu'à fin de mois. Son éloge annonçait une échéance; un premier-Paris sur son habileté marquait un terme. L'adroit président du conseil ne s'endormait pourtant pas au bruit de pareilles louanges.

D'un coup de diplomatie savamment combiné, il frappe à la tête le loyal vicomte Mathieu de Montmorency, qui laisse échapper son portefeuille, et Villèle triomphant fait offrir à M. de Genoude de se retirer avec son protecteur.

Le coup était bien monté. M. de Genoude le reconnut; il demeura à l'*Étoile* pour chanter le *Te Deum* en l'honneur de celui qui restait dispensateur des grâces. Alors commença cette adoration perpétuelle qui a brûlé tant d'encens aux pieds du grand ministre, ce dévouement de tous les jours et de toutes les heures, qui, s'appuyant sur les trois cents immortels du centre, a ferraillé contre la liberté de la presse, soutenu la loi du sacrilége, poétisé le droit d'aînesse, ce qui n'était peut-être pas le chemin le plus direct pour aboutir à la réforme électorale, à l'extinction de tous les priviléges, à la mort de tous les abus.

M. de Villèle tint compte à l'*Étoile* de la fidélité de ses amitiés politiques. Il dora la chaîne qu'il lui rivait au cou, et pour faire oublier à M. de Genoude toutes les amertumes que lui attiraient les reproches d'une ingratitude qu'on ne déposait pas encore au pied de la croix, mais qui soulevait l'indignation de la presse indépendante et des royalistes sincères, M. de Villèle admit l'*Étoile* aux confidences de ses bureaux. Il la laissa pénétrer dans les secrets de ses commis. Il l'appela à prendre vent au télégraphe; et, historien impartial, c'est ici pour nous le lieu de démentir une accusation, qui, dans ce temps-là, fut lancée contre M. de Genoude, sans doute avec aussi peu de ménagements et de preuves que celles de même genre que la *Gazette* elle-même prodigue aux hommes politiques.

Afin de se trouver plus à portée du mot d'ordre, que chaque matin il allait chercher au ministère, le directeur de l'*Étoile* avait contracté l'habitude de déjeuner au café Laiter, en face même de l'hôtel des finances. Une espèce d'agent de change marron était son convive de prédilection, son ami de table, le confident de ses pensées.

A ces déjeuners, parfaitement innocents, selon nous, et auxquels un haut employé des finances prenait, dit-on, par des signaux, une part fort active, on a supposé de coupables connivences, des tripotages financiers plus coupables encore! Hélas! plus d'une fois nous avons entendu ces bruits odieux répétés dans les salons, démentis par les uns, affirmés par les autres.

Nous croyons, nous, n'être que juste en les repoussant, car dans toutes ces histoires de télégraphe et de pots-de-vin, empruntées au directoire pour passer à la restauration, et venir de là s'abattre sur les hommes du pouvoir actuel, il y a au moins autant d'invention que de réalité, et sur ce point-là, nous pensons que la *Gazette* sera de notre avis, quand nous dirons avec une femme d'esprit, accusée d'innombrables galanteries :

« Oh! de ces choses-là il n'en faut jamais croire que la moitié. »

Le duc Mathieu n'était plus au pouvoir. Il s'en était retiré avec dignité, avec l'assentiment de la France monarchique. Dans sa retraite, il emportait l'estime de tous les partis, qu'étonnait, pour ne pas dire plus, le brusque changement de front de l'*Étoile*. Tout le monde cherchait à s'expliquer une conduite qu'alors on taxait de noire ingratitude. M. de Montmorency la qualifia mieux. Son cœur était bon, plutôt disposé à pardonner le mal qu'on lui faisait qu'à s'en plaindre, et ce n'est pas sans bonheur que nous citons un passage d'une lettre écrite par lui à un de ses parents, qui, de loin, blâmait avec sévérité la trahison de M. de Genoude.

« Que voulez-vous? écrivait M. Mathieu de Montmo-
« rency; on dit que les hommes sont ainsi faits aujour-
« d'hui. Lorsque vous donnez habituellement l'aumône
« à un mendiant qui frappe à votre porte, et que, tombé
« vous-même dans le dénûment, vous le voyez s'adresser
« à la charité du voisin, êtes-vous tenté de l'accuser
« d'ingratitude? Non, sans doute. Eh bien! moi qui ne
« suis pas meilleur qu'un autre, j'agis de même, et je
« ne trouve pas dans mon cœur, que vous croyez ul-
« céré, une plainte à adresser à l'homme dont vous me
« parlez en termes si durs. »

Qu'ajouter après une pareille justification, la seule que, dans les trésors de son évangélique charité, ait su trouver M. le duc Mathieu de Montmorency?

La politique allait vite, même à cette époque; on n'avait que le temps d'oublier. On passa à pieds joints sur cette défection; mais M. de Genoude, qui peut-être avait des remords, ou qui calculait qu'il n'était pas sans profit d'en afficher, se présenta au lit de mort du duc Mathieu.... et il pleurait. Cependant les événements marchaient toujours, l'*Étoile* aussi.

Comprimé par de violentes oppositions, tenu en échec par une ardente fraction du parti monarchique, le ministère Villèle créa la censure. C'était donner à l'*Étoile* une force de circonstance que sa rédaction ne pouvait jamais lui offrir; car, l'*Étoile* de ce temps-là, c'est, aux noms propres près, feu la *Charte de* 1830, le fac-simile, la reproduction littéraire de toutes les feuilles qui se sont vendues au pouvoir, et qui, pour se défendre envers et contre tous, mettent à son service l'intelligence aveugle de leur dévoûment soudoyé. L'*Étoile* attaquait les adversaires ou les partisans pleins de prévoyance de la royauté, ainsi qu'elle soutenait le ministère, sans discernement, sans loyauté, sans courage. Elle ne voyait que le mal d'un côté, que le bien d'un autre. C'était, c'est encore le seul moyen d'être partial et injuste. Elle le fut souvent; elle fit plus d'ennemis au gouvernement que ses ennemis eux-mêmes n'en voulaient : car la passion aveugle et inconséquente dans le ministérialisme produit toujours, en France surtout, des effets contraires à ceux que les subventions semblent faire espérer.

Nous concevons qu'un ministère soit attaqué, soit défendu; mais il faut dans ceux qui, par conviction ou par intérêt, entreprennent cette tâche, une haute portée de jugement qui ne transige point avec les erreurs de l'administration, qui ne les pallie point, et qui sache, même sous la livrée du pouvoir, conserver des allures d'indépendance.

L'*Étoile* n'en était pas là. Elle avait pris à bail, moyennant 72,000 francs par an, les épingles et les pots-de-vin en sus, la louange de tous les actes ministériels, le blâme de tous les conseils de l'opposition. Son rôle était tracé d'avance; elle l'acceptait en mercenaire. Aussi devint-elle en peu de temps un auxiliaire plus utile au libéralisme, profitant de ses fautes, qu'au gouvernement qui n'osait pas rejeter un si compromettant appui.

Quand la censure, que ce journal avait regardée comme une bonne fortune, fut établie, M. de Villèle comprit qu'il n'était plus nécessaire d'entretenir à grands frais des journaux royalistes, n'ayant pour la plupart que des convictions et peu d'abonnés. La mort du *Pilote*, du *Drapeau blanc* et de la vieille *Gazette de France* est résolue. La liste civile paie leurs dettes, liquide l'arriéré et les laisse s'éteindre. L'*Étoile* seule survécut à cette Saint-Barthélemy de journaux. Elle succéda à tous leurs droits comme à toutes leurs charges. Elle hérita même de quelques abonnés restés fidèles à l'infortune; pour tant de bénéfices, on ne lui imposa qu'une obligation.

Charles X, par un souvenir de sa jeunesse, ne voulait pas voir disparaître le nom de la *Gazette de France*. M. de Genoude le reçut de la maison du roi comme un don de joyeux avénement, et à la tête du journal qui, seul à travers les ciseaux de la censure, avait son franc parler, l'*Étoile-Gazette de France* se ménagea une situation prospère.

M. Honoré de Lourdoueix était censeur; M. de Beauregard était censeur, et il est curieux de dire comment il le devint.

Un ou deux jours avant la nomination de ce comité qui devait sauver la monarchie à coups de ciseaux, M. de Beauregard est informé que les faiseurs du ministère reculent devant son nom. Il court les chances de ne pas être appelé à ce triste honneur. M. de Beauregard est homme de précaution. A l'instant même il élabore un bel et retentissant article contre la censure, un de ces articles tels que pouvaient seuls se le permettre le *Journal des Débats*, *la Quotidienne* ou *le Constitutionnel*, guerroyant alors presque de conserve à l'encontre de M. de Villèle. Madame de Beauregard y donne son approbation, et les feuillets de la diatribe anti-censoriale sont offerts à cet excellent Michaud de *la Quotidienne* qui les accueille avec sa maligne bonhomie.

Le lendemain, M. de Beauregard arrive tout joyeux, tout essoufflé de reconnaissance dans le cabinet de Michaud.

—Je vous remercie, mon ami, lui dit-il en le regardant d'un œil qui s'efforçait d'être bienveillant, je vous remercie de n'avoir pas publié mon malencontreux article. Vous savez ce qui m'arrive.

— Oui, vous êtes censeur.

— On m'a forcé la main; je me dévoue, et viens vous prier de me rendre ces pages aujourd'hui sans utilité.

— Quand vous m'avez remis ce petit pamphlet, votre dévouement faisait si peu de doute dans mon esprit, que moi, qui connaissais d'avance votre nomination future, je l'ai accepté comme un gage de paix et un paratonnerre entre la liberté que je garde pour moi et la censure dont vous allez exploiter les amertumes. C'est un bouclier dont je ne me dessaisirai jamais; il me protégera contre vos ciseaux, et plus tard il servira à témoigner de votre collaboration à mon journal. Adieu, M. le censeur.

La *Gazette* s'était donc, en définitive, réservé le droit d'attaque et le droit, plus profitable encore, d'étouffer la réponse; elle usa largement de ce double privilége.

Quelques uns même vont plus loin, ils affirment qu'elle en abusa, et que M. Lourdoueix, plus d'une fois, réfuta d'un coup de ciseaux les arguments qui avaient résisté à son trait de plume. Sans vouloir ici pénétrer dans ces mystérieux abîmes où les futurs amants de la liberté indéfinie écourtaient la pensée et aplatissaient l'expression, ne pouvons-nous pas révéler ce qui alors ne s'écrivait pas, mais se disait tout haut? Est-il juste de toujours taire que, dans les bureaux de la censure, on fabriquait au besoin un faux *Constitutionnel*, et que, pendant les élections, la main qui avait fait du libéralisme en partie double, au service des *folies du siècle*, reprenait son ancien métier et retrouvait, dans ses convictions d'autrefois, un langage qui pouvait faire faire fausse route aux nombreux abonnés du patriarche du libéralisme?

On dit, et nous le répétons sans y ajouter la moindre

foi, que plus d'un œil fut souvent témoin de pareilles substitutions.

Dans des circonstances données, on a vu de malhabiles courtisans, pour mieux tromper le roi leur maître, s'emparer d'un journal, le disséquer, le châtrer, et en composer un autre que l'on présentait au prince comme la feuille qu'il avait demandée, comme la feuille ennemie dans laquelle il désirait chercher la vérité sur son gouvernement. Ce n'était plus à des princes que l'on adressait une flatterie si perfide. Le peuple était roi, le peuple devait donc, lui aussi, avoir ses trompeurs; on ne l'en laissa point manquer, et plus d'une fois le *Constitutionnel* fut maudit, sans le savoir, par ses incandescents lecteurs, à cause de la longanimité de ses violences édulcorées et de la teinte d'optimisme que, dans les grandes occasions, il semblait afficher, grâce à son perfide Sosie.

Et qu'on ne s'étonne pas trop de cette tactique : la *Gazette* d'aujourd'hui n'a plus, sans doute, ses pensées d'autrefois; de l'état d'esclave elle est passée, sans transition, à la condition libre. C'est le Spartacus de la presse : elle a brisé ses fers; et, de la main qui les portait, suspendant au milieu des airs la réforme, déguisée en aiguille de paratonnerre, elle semble défier les révolutions et les tempêtes. Mais le vieux dicton d'Henri IV est encore vrai. La caque sent toujours le hareng, et la *Gazette* ne dédaigne pas ses anciens errements, ne renonce pas à ses tours de main, n'a pas dit un éternel adieu à ses habitudes si profondément enracinées. Elle les ressuscite dans ses bureaux de la rue du Doyenné, elle les caresse comme un dernier enfant que la mort aurait laissé à son amour. Son doigt va plus vite que ses prévisions qui vont si vite, et la *Quotidienne* pourrait nous en dire quelque chose.

La *Gazette*, dans les cas désespérés, dans les occasions solennelles, fait appel à la fraternité de ce journal qui a tant de petits péchés à lui pardonner. La *Quotidienne* qui, depuis longtemps, semblait n'avoir que la force de biaiser avec ses opinions jadis si franches et si monarchiques, suit de loin, et comme à regret, cette vieille étoile qui tourbillonne dans ses nuageuses théories (1).

Mais lorsque le calme plat est arrivé, quand la *Gazette*, sur le trépied, s'exclame avec les prêtres de Delphes : *Deus, ecce Deus!* quand, en sa qualité de journal du soir, elle a une nouvelle importante ou curieuse à raconter, savez-vous comment elle frappe d'un jaloux ostracisme sa sœur en monarchie? de quelle manière elle se censure elle-même pour tenir les faits sous le boisseau et les

(1) *La Quotidienne* de 1842 a enfin secoué le joug que *la Gazette* lui imposait. Elle s'est révoltée contre l'aiguillon du mandat porté par M. Genoude. *L'Écho* et *la France* ont suivi la même direction. *La Gazette*, qui est le suffrage universel personnifié, nous dirait-elle bien le pourquoi de cet abandon significatif?

(*Note de l'éditeur*).

publier au détriment de sa rivale. En voici un exemple : est-ce bien le seul que l'on devrait citer ?

Le jour de la mort du prince de Talleyrand, la *Gazette*, qui a ses entrées dans quelques sacristies, apprend que le moribond s'est confessé, qu'il a fait acte de chrétien. Elle avait la primeur de la nouvelle, elle l'inséra dans ses colonnes. Jusque-là c'était son droit; mais ce jour-là, et par une inadvertance calculée, les doigts des ex-censeurs se sentirent à l'encontre de la *Quotidienne* une velléité de monopole. Tous les numéros de l'édition de Paris continrent la nouvelle du jour, la seule intéressante du moment. On la lut le lendemain, extraite de la *Gazette*, dans toutes les feuilles publiques ; la *Quotidienne* seule ne la donnait pas à ses abonnés ; la *Quotidienne* avait un jour de retard ; la *Quotidienne* était mal informée, par dessus tout convaincue de mal lire les feuilles du soir.

C'étaient deux griefs de désabonnement admirablement pressentis dans les prévisions fraternelles de la *Gazette*, et il dut y avoir, dans ses bureaux, de ces petites joies, fruits de roueries plus petites encore. La *Quotidienne*, d'abord, ne s'en prit qu'à elle seule ; puis la réflexion vint. On parcourut, on feuilleta, on épela mot à mot, syllabe à syllabe, lettre à lettre, les immenses colonnes de l'exemplaire du journal-prêtre destiné à la *Quotidienne*. Au bout du chapelet, on se convainquit que la nouvelle en question ne s'y rencontrait pas. D'autres numéros de la *Gazette* sont collationnés ; la confession de M. de Talleyrand s'y pavanait dans les mêmes termes que le *National*, la *Presse* et les cent autres voix de la publicité la donnaient en en citant textuellement la source. La *Quotidienne* comprit, baissa la tête et se tut.

Pour elle on avait improvisé une censure sans ordonnance royale, on l'avait mise en charte-privée; on inventait en son honneur l'index du silence ; la *Gazette* venait de lui offrir un nouveau gage de sa bonne affection de sœur.

Trois semaines après, la *Gazette* lui en demandait bravement quittance en lui imposant, au nom de l'Evangile, un bel et retentissant article sur un sermon que le Chrysostôme compilateur du Dauphiné avait lu dans son église de Provins. La *Quotidienne* paya son tribut d'admiration à l'étonnant apôtre qui entend mieux le secret de la réclame que celui des Saintes Écritures, et si l'on cherchait bien, peut-être même trouverait-on encore dans les cartons de la *Quotidienne*, à côté de l'éloge de M. Genoude écrit de la main même de M. Genoude, ce précieux exemplaire de la *Gazette*, qui fut le seul où ne se trouva pas la nouvelle de la confession de M. de Talleyrand.

Dans ces rapprochements qui dévoilent tout un homme, qui percent à jour son passé et son avenir, n'y a-t-il pas une scène digne de Molière ? Et la main sur la conscience, dites-moi, est-il possible de mieux tartufier l'égalité devant la presse, et de plus chrétiennement monopoliser la nouvelle ?

III

Ce fut pour la *Gazette de France* une rude et productive année que celle de 1827. Elle eut bien des déboires à essuyer. On lui prépara plus d'une humiliation à dévorer. On la mêla à toutes les intrigues électorales qu'elle soutint ou qu'elle nia avec un de ces aplombs qu'elle n'a pas encore perdus. On l'attaqua sous toutes les faces, on la saisit presque à la piste dans toutes ses positions.

Elle eut à lutter et contre la *Quotidienne*, et contre le *Journal des Débats*, et contre le *Constitutionnel*, qui l'accusaient de monopoliser toutes les faveurs, d'accaparer tous les priviléges et de faire taire en sa faveur la légitimité des droits et l'égalité devant la loi. On alla plus loin. On insinua que l'*Étoile*, transformée en *Gazette de France*, ne jouirait plus des exorbitantes prérogatives dont toute la presse se plaignait sans les envier.

Et, à la date du 3 juillet 1827, ce journal publie lui-même sa consécration marchande. Sans s'inquiéter de l'avenir, il cherche à assurer son présent, à le consolider pour ainsi dire, sauf après, dans une époque donnée, à oublier tout cela, comme il semble l'avoir oublié aujourd'hui. Aussi est-ce sans une surprise trop profonde que nous retrouvons à la tête de ses colonnes du 3 juillet l'avertissement suivant, qui ne laisse aucun doute sur ses intentions. Elle dit :

« Le *Constitutionnel* et le *Journal des Débats* ont voulu faire entendre ce matin que la *Gazette de France* n'aurait pas tous les avantages de l'*Étoile*. Cette insinuation pouvant inquiéter nos abonnés, nous croyons pouvoir les rassurer complétement. »

Vous savez déjà quels étaient les avantages dont M. de Villèle se montrait si illégalement prodigue en faveur d'une feuille qui compromettait la fortune de la monarchie tout en arrondissant la sienne propre. Il est donc inutile de s'appesantir sur une violation de la loi que la *Gazette* ne tolérerait guère à son préjudice et en faveur d'un autre journal.

A chaque anniversaire du 21 janvier, la *Gazette*, pleine de deuil, apparaissait entourée de bandes noires, maudissant le régicide et déplorant avec des larmes puisées au fond de son encrier les funestes doctrines qui l'avaient enfanté.

Une révolution a passé sur cette douleur de commande; elle a étouffé ces gémissements de circonstance dont, sous la restauration, il était profitable de faire montre, effacé le deuil public que l'on étalait, donné un autre cours à ses ambitieux désespoirs, et rendu à son véritable caractère cette politique de spéculation qui tarife la joie comme la tristesse, le monopole comme la liberté.

Le deuil de la *Gazette* a disparu avec le drapeau blanc.

Pour elle, il n'y a plus de néfastes anniversaires monarchiques, et si elle s'en rappelle encore un, le dernier qu'un humble couvent de franciscains de Goritz renvoie à la France, ce n'est pas pour le déplorer qu'elle prend la plume. Le bienfaiteur est mort, qu'a-t-elle besoin de se rappeler le bienfait? Pourquoi voulez-vous qu'apportant un remords à ceux que, chaque jour, elle proclame ses alliés, elle vienne afficher publiquement une douleur qu'elle ne ressent pas, une douleur qui ne produit rien et qui pourrait la compromettre?

Un tel dévouement n'a jamais été dans ses mœurs; il ne sera jamais dans ses habitudes. La *Gazette* oublie les rois qui ne peuvent plus rien pour elle, comme on la voit oublier les principes auxquels, depuis longtemps, elle a dû son espèce de puissance. Elle marche à la queue des événements qu'elle croit diriger, et savez-vous quels pas de géant elle a faits?

Écoutez ! Elle était ministérielle en 1827, ministérielle avec la livrée par devant et par derrière, ministérielle comme il sera impossible à tous les Lherminier, à tous les Lingay, à tous les Capefigue du monde de le devenir plus tard, et, le 7 février, elle disait :

« Ce mot (ministériel) ne présente aucun sens s'il exprime un attachement à l'opinion actuellement dominante ; car, comme il n'y a personne qui ne souhaite que son opinion ne domine, il n'y a personne qui ne soit ministériel, au moins en espérance. »

Maintenant convenons d'une chose. La *Gazette* est loin de cette doctrine, elle se rapproche chaque jour d'une autre qu'elle a professée, toujours dans cette même année de 1827, où il paraît qu'elle n'avait pas encore arrangé tous ses principes. Le 9 octobre, l'opposition de toutes les nuances et de tous les partis était anathématisée ; elle lui donnait un brevet de mensonge. Espérant peut-être s'incarner dans le ministérialisme, elle s'écriait avec cette bonne foi dont, depuis 1830, nous avons tant de preuves sous les yeux :

« Le privilége des oppositions est de se tromper. Elles ne sont même instituées que pour cela. C'est à force d'erreurs qu'elles contraignent la vérité à se montrer ; c'est à force de sophismes qu'elles rappellent l'utilité des principes. La justice vient d'elles, car elles la rendent nécessaire par des provocations ; la lumière vient d'elles, car on ne l'envoie que pour dissiper leurs ténèbres. »

Et ne croyez pas que la *Gazette* s'arrête en aussi beau chemin. Elle flagelle toutes les oppositions passées, toutes les oppositions présentes, toutes celles surtout qu'elle cherchera plus tard à exciter, qu'elle entretiendra par de mesquines considérations d'amour-propre, et, elle si monarchique, si religieuse, elle qui s'est faite prêtre pour donner un vernis de plus à ses doctrines, elle déclarait le 14 octobre « qu'il ne peut y avoir dans « une monarchie d'autre opposition qu'une opposition « démocratique. » Maintenant elle est revenue à des sentiments moins extrêmes.

Engagée dans une lutte qu'elle a acceptée comme un moyen de faire fortune, et qu'elle agite comme une arme qui lui a blessé la main, mais avec laquelle elle cherche en revanche à frapper la société au cœur, la *Gazette* s'est revêtue du casque de l'opposition. Elle s'est imprégnée de démocratie en s'opposant à ce qui est, et, dans ses rêves d'idées révolutionnaires, on l'entend, par la voix de ses directeurs, annoncer une opposition même contre Henri V, si Henri V lui était rendu et ne voulait pas la suivre dans l'absolu de ses pensées.

Cela ne s'écrit pas, mais cela se dit; cela ne s'avoue pas dans les colonnes du journal, mais cela se professe à haute voix au Vatican de la *Gazette*, et si, à cette parodie quotidienne de feu M. Daube

Qu'une ardeur de dispute éveillait avant l'aube,

vous essayez de démontrer que tant d'oiseuses discussions ne peuvent, ne doivent aboutir qu'à de nouvelles perturbations; si vous êtes royalistes et si, en souriant, vous menacez M. de Genoude et M. de Lourdoueix d'un coup d'état ou d'une prison, M. de Genoude jette un regard d'intelligence à son Honoré, puis, avec une humilité que Diogène n'aurait pas osé afficher :

— Une prison à moi ! vous dit-il, comme si au bout de sa plume étaient attachées les destinées de la France; une prison à moi ! mais ce serait une révolution.

Et vous laissant sous le coup de cette effrayante menace, M. de Genoude vous contemple avec un œil de pitié, et, plongé dans l'immensité de ses inconséquences, il vous abandonne à toutes les réflexions qu'une modestie si chrétienne peut vous suggérer.

De cette conversation à 1827, il y a loin, n'est-il pas vrai? Mais pour expliquer l'homme nous avons dû franchir les distances. M. de Genoude, dans une prison d'état, en qualité de champion de la presse, serait aujourd'hui une cause de révolution. Nous voulons bien le croire puisqu'il l'a dit; mais alors comment, dans un homme qui a les secrets de l'avenir, expliquer cet éloge de la censure que, le 9 juillet, il publiait avec une si ardente conviction. Nous le laissions parler tout à l'heure, qu'il écrive maintenant, qu'il nous dise tout ce que la censure peut amener de bienfaits sur la France.

« Il y eut un temps où l'on était occupé chaque soir à relever les excès de la licence de la presse et à rectifier les erreurs de faits dont elle se rendait coupable. Aujourd'hui notre tâche est plus douce. Nous nous plaisons à signaler les indices de l'indépendance laissée aux feuilles de l'opposition par la censure. Nous demandons en même temps aux lecteurs de bonne foi laquelle de ces deux situations leur présente plus de garanties et offre le plus de sécurité à tous les intérêts du pays. »

En faut-il donner d'autres preuves? La France, qui écoute M. de Genoude et qui prête une oreille si distraite à ses homélies, n'est-elle pas assez édifiée des *garanties que lui présente la censure, et de la sécurité qu'elle offre à tous les intérêts du pays?* Qu'elle entende donc encore le protégé de MM. de Polignac et de Montmorency devenu plus tard démocrate et l'homme libre par excellence. Voici ce que, le 7 novembre 1827, il disait en prenant le deuil de sa chère censure :

« La censure a cessé, et déjà on peut dire des journaux affranchis de ses rigueurs ce que le poëte dit des vents à qui leur roi Éole lâche les rênes : *Qua data porta ruunt.* On va donc révéler au public les *iniquités*, les *insolences*, les *monstruosités*, les *horreurs* de la censure. Malgré cette grave atteinte aux *libertés publiques* il n'a pas paru qu'il y ait eu en France, pendant qu'a duré la censure, moins d'union dans les familles, moins de tranquillité dans l'État, moins de prospérité pour le commerce et l'industrie. »

Ne seriez-vous pas tenté de croire que cette censure, plus âpre encore que les lois de septembre, — car les lois de septembre ne sont pas préventives, elles n'arrêtent pas la pensée, elles se contentent de la frapper; —

que cette censure, disons-nous, était, selon M. Genoude, l'état normal de la France, ainsi que plus tard la réforme et l'immixtion des masses dans les affaires publiques sont la plus indispensable des conditions pour être heureux : et cependant, si nous voulions exhumer de la poussière chaque numéro de la *Gazette*, si, les interrogeant tous les uns après les autres, nous demandions à chacun d'eux une preuve irréfragable d'inconséquence, croyez-vous qu'il nous serait bien difficile de l'obtenir? Pensez-vous qu'il nous en coutât beaucoup pour opposer la *Gazette* à la *Gazette*, M. de Genoude, le ministériel de 1827, à M. l'abbé Genoude, le démocrate de 1842!

Eh! mon Dieu! non; car dans une phrase, le journal et son directeur ont résumé leur pensée sur tant de questions qu'ils ont soulevées depuis. Cette pensée, le numéro du 22 novembre 1827 nous la révèle. Jamais la *Presse* elle-même n'a eu, contre le suffrage universel, un plus tranchant argument, pourtant ce n'est pas à elle que nous le devons; ce n'est pas elle que doivent accuser les masses que la *Gazette* essaie de galvaniser. Prêtez l'oreille, la *Gazette* parle :

« Le crédit baisse, et les tumultes grossissent. LES MULTITUDES SE PRÉCIPITENT DANS LA POLITIQUE et les écus se retirent des fonds publics. Ce sont deux effets qui naissent d'une même cause, et cette cause ne pouvait produire que de tels effets. »

On sent bien que sur des paroles aussi étincelantes de vérité, nous ne nous aviserons pas de coudre un commentaire; mais puisqu'il s'agit de la réforme que la *Gazette* étouffait en germe comme un foyer de désastres, avant d'en faire le paratonnerre des révolutions, qu'il nous soit permis de donner deux extraits de ce journal qui, les 2 et 10 décembre 1827, accusait avec une sagacité de prévision dont, depuis cette époque, elle semble avoir fait assez bon marché, toutes les coalitions, quelles qu'elles fussent, et toutes les oppositions, sous quelque masque qu'on les vît se cacher. La *Gazette* n'y va pas de main morte. Sur ces alliances de partis, sur ces coalitions si chaudement prêchées par elle depuis 1830, tantôt contre la doctrine, tantôt contre la gauche, quelquefois pour l'une, souvent pour l'autre plus éloignée du pouvoir, elle a, dans ses vieux répertoires, des anathèmes ensevelis sous la poussière, des malédictions ignorées qu'il faut remettre en lumière, parce que les journaux du gouvernement actuel ne sont ni aussi exclusifs ni aussi impudents. Écoutez plutôt:

« La *Quotidienne*, dit-elle, qui partage, comme de juste, la doctrine démocratique de son confrère, (voilà donc la *Quotidienne* accusée de démocratie par la *Gazette !*) la *Quotidienne* rappelle aux ministres la leçon qui porta l'épouvante dans le festin de Balthazar. Quelle imprudence ! Une main divine a tracé, en effet, la plus terrible des leçons en caractères ineffaçables ; car ils sont écrits avec le sang et les larmes de toutes les générations qui ont passé sur le globe : c'est que les mains qui jouent avec l'incendie sont les premières consumées ; c'est qu'il n'y a que des calamités à recueillir dans les désordres et SURTOUT DANS LES CONCORDES HYPOCRITES QUI CACHENT

DES DISCORDES RÉELLES ; c'est que la mort est au fond de ces doctrines perverses qu'on a, de tous les temps, décorées du nom d'indépendance ; et qui ne sont, en effet, que le plus honteux esclavage ; c'est enfin que celui qui sème le vent moissonnera les tempêtes. »

Et comme si ce n'était point assez de ces prévisions, que la *Gazette* prend plaisir à réaliser à l'heure qu'il est, la voilà qui jette son stigmate sur l'immoralité des coalitions, et qui les marque toutes du fer chaud de ses colères.

« Les journaux qui se sont engagés dans l'opposition le sont par des motifs particuliers à chacun d'eux. Or, une coalition qui se fonde sur des opinions contraires est immorale ; car, elle suppose nécessairement, dans quelques-uns des coalisés, le sacrifice des principes et de la conscience. Comment des hommes, qui ne s'entendent entre eux ni sur le bien ni sur le mal, pourraient-ils qualifier avec équité les actes de l'administration ? Quelle confiance doit-on mettre dans leurs jugements ? Quel crédit méritent leurs attaques ? Que promettent-ils à la France au jour de leur triomphe ? La division et l'anarchie ! »

Si la *Gazette* avait raison alors, est-ce que la *Presse*, le *Journal des Débats* et le *Globe* auraient tort par hasard en reprenant un à un tous ces arguments, en les retournant contre elle qui se regarde comme le porte-enseigne des coalitions et l'inévitable truchement des oppositions dont elle stimule la marche et aiguillonne les excès.

Poursuivons, car la leçon n'est pas complète : il y manque encore quelque chose. M. de Genoude va nous le dire.

Le tour des mandats est arrivé. Vous savez ce que

c'est qu'un mandat, un mandat impératif, bien entendu, un mandat tel que le confectionne la *Gazette*, tel qu'elle le livre aux électeurs, tel qu'elle veut l'imposer aux députés. Il n'y a pas de volonté plus puissante, de force plus magique, de moyen plus propre à assurer le bonheur général, à garantir tous les droits; c'est la règle de conduite que chacun doit, selon la Bible, méditer et pendant les heures du travail et pendant les heures du repos; la règle qu'il faut graver dans sa main comme un souvenir de justice; c'est enfin l'abrégé de toutes les félicités découvertes par la *Gazette*. Le 2 décembre 1827, elle n'en était pas là : elle attaquait le mandat, ingrate marâtre, qui repoussait avec horreur l'enfant perdu par qui elle a été si richement dotée depuis!

« Encore la doctrine du mandat, s'écriait-elle avec une sainte fureur, et quel mandat! Si l'on en croit un journal libéral, les électeurs n'ont rien stipulé. Ils ne se sont pas plus enquis des antécédents que des futurs contingents; ils n'ont pas plus demandé compte à leurs *mandataires* de ce qu'ils avaient fait que de ce qu'ils allaient faire: toute leur attention s'est portée sur un point, un point unique, le renversement de sept hommes, de trois, d'un seul peut-être. Leur vote était en quelque sorte négatif; et les élus doivent se regarder uniquement comme les procureurs-fondés d'un caprice ou d'une jalousie, ou d'une préoccupation, ou d'une ambition mécontente. Hors de là, tout sera bon. Réunis pour une destruction, que les députés se divisent sur toutes les constructions nécessaires; que, les ministres actuels une fois renversés, il en vienne d'autres pris à côté, ou vis-à-vis d'eux, que le système commercial, financier, diplomatique, soit maintenu, modifié, bouleversé, c'est le moindre de leurs soucis : l'important est d'assouvir une haine invétérée, d'ouvrir la porte à l'avidité impatiente, d'en venir à son honneur sur une gageure. En vérité, voilà de la politique bien noble et bien sage, et les colléges électoraux doivent, à ces interprètes, de belles actions de grâce pour la bonne opinion qu'ils donneraient au dehors du mandat, des mandants et des mandataires. »

Arrêtons-nous un peu ici dans nos citations, car, en vérité, on croirait que c'est à une feuille ministérielle d'hier que nous empruntons ces passages, tous dirigés à bout portant contre la *Gazette*; et ses hommes liges devinent bien, à l'heure qu'il est, que ce n'est point là que nous allons forger nos armes. En fait de ministérialisme, il y a mieux que tous les journaux dont, chaque soir, la *Gazette* flétrit la servilité et stigmatise les doctrines subversives de l'opposition, des coalitions et du mandat.

Grâce à nous, elle sait à présent à qui s'adresser pour guerroyer avec avantage contre l'adversaire le plus logique, le plus tenace de la réforme électorale et des insensés qui ne se sentent pas saisis d'une colère toute chrétienne à l'encontre des anti-monopoliseurs.

En ce temps-là, ce n'était pas sa seule occupation : le ministère lui en imposait de tous les genres; elle les acceptait avec résignation; et sous ce titre : *Mensonges de la journée*, elle donnait d'amers démentis à tous les journaux, accaparant ainsi toutes les charges, et se faisant de gaîté de cœur, moyennant rançon, le bouc émissaire que le pouvoir chargeait de ses iniquités et envoyait au désert. Pour elle, tout était mensonge.

Si, dans un récit, dans une supposition des feuilles opposantes, une virgule ne se trouvait pas toujours à sa place, la *Gazette* était là clouant son démenti à la porte du journal, le poursuivant de ses sarcasmes, l'inondant de ses révélations salariées.

Si vous disiez le bien, c'était une calomnie; si vous disiez le mal, c'était un mensonge. Il y avait dans cette tactique quelque chose des allures du *Moniteur parisien*, moins pourtant la politesse : le *Moniteur parisien* rectifie, la *Gazette* démentait. Et quelle est belle dans ces tirades quotidiennes où tout marche au gré du ministère qui la tient à ses gages, selon une parole de M. le comte Bacot de Romans! que de logique bâtarde elle dépense pour prouver que tout ce qu'elle dit naît de ses convictions et sort d'une conscience qui n'a rien à émarger sur les registres des fonds secrets ou sur le grand-livre du trésor!

Malgré tant d'ardeurs, dont le château du Plessis lui-même ne pourrait nous donner le chiffre exact, le ministère Villèle fut contraint de tomber devant une coalition que n'avaient pu prévenir toutes les accusations d'immoralité fulminées par M. de Genoude, et Villèle se retira, laissant la *Gazette* gonflée de toutes les aumônes qu'il lui avait faites. M. de Genoude ne voulut pas être ingrat cette fois-ci. Tout calcul fait, peut-être pensa-t-il que la reconnaissance avait son tarif, et que, dans un cas donné, elle pouvait être aussi profitable que l'ingratitude. Il avait exploité l'une; il essaya d'exploiter l'autre; et, sous le ministère Martignac, il économise la louange; il est sobre d'éloges, se présentant à toutes les issues, se faisant repousser à chaque porte.

Jusqu'alors la défense des actes ministériels et les attaques contre la coalition avaient seules fait les frais de sa rédaction. Elle fut condamnée à entrer dans une ère forcée d'indépendance.

Le ciel lui envoya quelques bonnes fortunes, et M. de Courchamp, l'écrivain qui, plus tard, prêtera son esprit à la marquise de Créqui, et M. Lubis, l'historien de la restauration, se réunissant au bon Colnet et au savant Sevelinge, vinrent compenser à la *Gazette* le tort que la collaboration de MM. de Lourdoueix et de Beauregard allait lui causer.

La censure était morte; n'était-il pas juste que le journal qui avait si bien su en tirer parti ouvrit un refuge à ses invalides?

Pendant ce ministère de transition qui mécontentait toutes les ambitions passées, toutes les convoitises futures, la *Gazette* se fraya un nouveau chemin dont elle a encore tout récemment dévié. Elle combattit à outrance toute idée démocratique; la plus légère concession lui parut un crime, et elle prêcha le pouvoir royal dans tout l'absolu de son extension. Au milieu de cette lutte, aujourd'hui si éloignée de ses principes, elle eut des éclairs d'intelligence, des aperçus ingénieux, une littérature aussi pleine de goût que d'esprit, et ne nous en étonnons point trop, sans cependant lui demander un reflet de ces beaux jours. La *Gazette* a mis bon ordre à tout cela.

Ce fut ainsi qu'elle traversa l'année 1828; juive qui attendait un messie de subvention, vieille coquette que tout l'esprit de ses hommes de lettres ne parvenait pas à rajeunir, ensevelie qu'elle était sous les oripeaux d'emprunt dont l'affublaient tour à tour MM. de Genoude et de Lourdoueix, qu'unissaient les mêmes rêves d'ambition, que dévoraient les mêmes pensées d'intrigue.

IV

M. de Lourdoueix n'avait pas encore été ravi au troisième ciel; il se passionnait pour des béatitudes moins séraphiques, et, élevé du rang le plus obscur des commis de douane en Hollande à d'importantes fonctions au ministère de l'intérieur, il n'avait renoncé ni aux voluptés mondaines ni aux volages amours.

La chair ne s'était pas faite verbe, mais esprit anguleux et systématique visant à la profondeur; intelligence de second ordre qui se croit appelée à une mission de rénovateur, il s'attelait au char de l'*Étoile-Gazette*, sans conviction, sans entraînement, car M. de Lourdoueix le dit à qui veut l'entendre, il n'a pas la fibre royaliste. Ce vice, dans une tête en travail d'organiser la monarchie, parut une qualité à M. de Genoude, qui déjà avait la manie des conversions. M. de Lourdoueix fut pour lui un champ inculte qu'il se plut à défricher. Il y travailla avec tant d'ardeur, il mit tant d'onction dans ses homélies, et le néophyte tant de bonne volonté apparente, que bientôt le converti fut au niveau du convertisseur.

M. de Genoude était prêtre dans le sein même de sa mère. Il en a toujours eu les goûts, l'esprit, la finesse, les méchants diraient l'ambition : ce serait une calomnie contre le clergé, calomnie que M. de Genoude est assez juste pour ne prendre à son égard que comme une innocente médisance. M. de Lourdoueix, qui venait de construire sa tente dans les bureaux de la *Gazette*, et qui, selon l'Évangile, se trouvait bien sur ce nouveau Thabor, caressa les mielleuses acrimonies de son patron, le berça dans ses songes de grandeur à venir, se fit plus petit qu'il n'était pour tâcher de rehausser de quelques pouces la célébrité d'emprunt que M. de Genoude commençait à s'adjuger. Il se prêta à toutes les capricieuses exigences, se soumit à toutes les folies monarchiques du maître; bientôt, et par gradation, il se frappa la poitrine, se signa le front, baissa la tête devant cette capacité qu'il proclamait, sans que d'abord sa raison fût la complice de ce langage intéressé.

Peu à peu, l'homme qui avait traversé tous les partis

en condottière de la pensée, vit emporter sa logique dans le tourbillon des rêves que ne cesse de nourrir l'imagination besogneuse du traducteur de *Job*. De désenchantements en désenchantements, d'erreurs en erreurs, d'une illusion monarchique passant sans transition à une illusion démocratique, ils arrivèrent tous deux, l'un portant l'autre, à leur glorification individuelle.

M. de Genoude fut un génie aux yeux de M. de Lourdoueix. M. de Lourdoueix fut un génie aux yeux de M. de Genoude.

Le génie s'incarna en eux comme le VERBE qu'ils ont inventé depuis. Ils se prosternèrent l'un devant l'autre, s'abîmant dans leur orgueilleuse humilité. Après s'être confessé mutuellement qu'au bout de leur plume était attaché le sort de la France, et, par contre-coup, celui de l'Europe, ils marchèrent à l'accomplissement de leurs vœux.

C'étaient d'abord deux compères qui avaient pipé les dés avant de commencer le jeu; mais bientôt ils eurent confiance dans leur bonne foi respective : ils se persuadèrent qu'une main du ciel dirigeait leurs cœurs, inspirait leurs élans, et, quand ils crurent à cette insufflation, la Providence, bon gré mal gré, entra pour son tiers dans la *Gazette*.

La Providence fut leur aide de camp, le satellite obligé gravitant autour de ces astres, qui réglaient tous ses mouvements; mais M. de Genoude, qui tenait les cordons de la bourse, et qui, en dehors de ses théories tour à tour catholiquement monarchiques ou démocratiquement chrétiennes, a trop d'intelligence marchande pour ne pas comprendre le vide de l'axiome de *Robert* : « L'or est une chimère, » M. de Genoude voulut rompre cette trinité qui le fatiguait encore moins sans doute que la Providence.

Il lui était avantageux de ne pas se brouiller ouvertement avec le ciel, qui pourtant n'avait jamais eu voix délibérative au chapitre, — ce dont il est toujours facile de s'apercevoir, — et M. de Lourdoueix fut rejeté dans les doublures. On le casa parmi les comparses, dont il resta le chef. Il n'est plus aujourd'hui que le premier thuriféraire de M. de Genoude, dans les idées duquel il essaie, par hasard, de faire pénétrer quelque déduction logique ; car si l'un est le génie de la parole *portée*, l'autre n'a pas abdiqué son rôle, il est encore le roi du syllogisme, le prototype du dilemme.

L'un pense et l'autre écrit ; l'un médite et l'autre parle. Cette inégale fraternité d'intelligence compose la *Gazette.*

N'est-ce pas un assez beau lot, et la Providence ne serait-elle pas trop coupable de reléguer aux limbes de la publicité de semblables travaux ?

M. de Lourdoueix s'est donc abaissé sous la main qui dirige tout, mais qui mène la politique avec un peu moins d'habileté que ses propres affaires. Il adore les profondes capacités du grand homme que la *Gazette* proclame, et qui, de la rue du Doyenné à celle de Grenelle-Saint-Germain, est tout à la fois Newton et Chrysostôme, Galilée et Machiavel.

Dans ce double cénacle, où tout est mystère et profondeur, vous n'entendez qu'un cri comme dans les cieux ; c'est toujours le même Hosanna, toujours le même *Sanctus* que les béats de la *Gazette* se renvoient autour de l'esprit absent de M. de Genoude. M. de Lourdoueix lui prépare chaque jour une ovation; chaque soir, les bureaux de la *Gazette* lui décernent une couronne murale. On le pose en sauveur de la patrie, en O'Connell indigène et calomnié, en homme d'état qui *bossuétise* la politique, en fils de Dieu qui, après avoir tout vu à travers l'Évangile, peut, d'un signe, soulever le monde ou apaiser les flots irrités. Si M. de Genoude n'a pas encore fait des miracles, demandez-en le motif à ses prôneurs qu'il paie, aux Catherine Théos qui l'encensent, et tous, étudiant cet œil velouté, qu'ils caressent — comme, sans comparaison, Tibulle aurait pu poétiquement caresser celui de sa Délie, — tous vous diront avec leur bonne foi toujours robuste, et dans leur langage de plus en plus mystique :

« Le maître ne l'a pas voulu; les temps ne sont pas arrivés. Laissez venir. »

A l'avénement du ministère Polignac, M. de Genoude ne se croyait pas si loin de cette ère de félicités dont il s'est improvisé le messager boiteux. Martignac n'avait rien fait pour la *Gazette*; aussi voyez comme, le 8 août

1829, le jour même de la nomination du ministère qu'après la révolution de juillet elle appellera stupide et traître, voyez comme elle tressaille d'allégresse.

« Tout est mûr, dit-elle, pour un changement de système. L'arrivée de M. de Polignac n'a surpris personne. Jamais événement ministériel ne fut mieux préparé. Puisse-t-on profiter de ces circonstances favorables pour faire prévaloir quelques moyens de salut. Le gouvernement du comité-directeur est un fléau. Tout ce qui en délivrera la France sera accueilli favorablement. »

Et dans le même numéro, passant à un autre ordre de faits, n'admirez-vous pas cette sagacité qui prévoit tout après coup, et cet assentiment donné à un ministère dont elle deviendra la plus lâche des ennemies, car elle le poursuivra dans les fers et dans l'exil?

« Les libéraux ne sont pas contents. Voyez plutôt ce qui se passe à la Bourse. On y a fait courir une liste où se trouvaient les noms de MM. de Polignac, de La Bourdonnaye, de Courvoisier, de Montbel, de Rigny, de Chabrol et de Bourmont; et aussitôt MM. les banquiers libéraux ont fait baisser le 3 0/0 de 3, et le 5 0/0 de 1 fr. Quarante-huit heures suffiront pour rendre du calme aux dupes qu'ils ont faites. Les acclamations de tous les amis de l'ordre, si telle est, en effet, la liste qui paraîtra dans le *Moniteur*, auront plus de poids sur l'opinion que les spéculations des habitués de la Bourse. »

Le 9 août 1829, il parut dans la *Gazette*, sous le titre : *Plus de concessions! Plus de réactions!* un article dont le fond était toute une réfutation dirigée contre le titre. Le 11, poursuivant avec acharnement les conséquences monarchiques de ce ministère sauveur, elle s'écriait :

« C'est une belle chose que la conscience de certains journaux ! Ils ont répété à satiété que les principes seuls étaient immuables, que les noms propres n'étaient rien, et, à propos d'un changement de ministres, les voilà tous en émoi : on oublie, ou l'on feint d'oublier les prérogatives du trône, qui doivent bien être de quelque poids dans le gouvernement représentatif. »

Le 18, elle se faisait la pourvoyeuse des parquets : elle annonçait la mission qu'elle se donnait, et voici en quels termes elle parlait des journaux libéraux qui n'ont point varié dans leurs principes depuis 1829, et qui, cependant, sont les alliés qu'elle s'est choisis, les ennemis qu'elle flatte, les écrivains qu'elle porte et les réformateurs qui ont de la nationalité dans le cœur.

« Nous sommes décidés à dénoncer tous les jours à l'indignation des gens honnêtes les infamies de la presse libérale. Nous sommes convaincus qu'il importe au salut de la chose publique que les bons citoyens, auxquels nous nous adressons, soient tenus au courant des excès que commettent les journaux livrés à la conspiration jacobine. Le langage de ces feuilles choque non seulement toutes les règles de l'équité, de la justice, toutes les formes parlementaires, mais il choque aussi toutes les idées de civilisation. C'est le langage des furies révolutionnaires : 93 tout entier est dans ce style. »

Le 24 août, la Saint-Barthélemy inspirait à la dévote un feuilleton de circonstance, un feuilleton qui sentait son jour ; il est intitulé : *Les Libéraux peints par Milton sous les traits de Satan.*

Au temps des Huguenots, on conviendra que l'à-propos eût été brûlant.

Puis, comme pour clore le mois d'une manière digne de son commencement, la *Gazette*, qui est en fonds, s'élève le 31, avec une rare énergie, contre la réunion des corps électoraux. Douze mille électeurs la font trembler jusqu'en ses fondements. La *Gazette* s'est bien aguerrie depuis, il faut en convenir : les corps électoraux, même *sous la direction des plus mauvais hommes du pays*, n'effraient plus ses tendances. C'est un progrès qu'il est bon de constater.

« La révolution, disait-elle, passe maintenant des déclamations aux voies d'exécution : elle provoque, dans tout le royaume, la réunion des corps électoraux ; elle les constitue, elle les organise, elle les invite à nommer des bureaux d'enquêtes, des commissaires ; elle assigne des réunions où ces commissaires viendront rendre compte de leurs opérations ; enfin elle pourvoit aux dépenses de cette véritable insurrection par une levée d'impôts déguisée sous le nom de souscription volontaire. Cette entreprise est contraire à la constitution du royaume. »

. . . .

« Il faut qu'on sache quel va être le résultat de cette tentative dans toute l'étendue du royaume. A Paris, 12,000 électeurs vont se trouver rassemblés sous la direction des plus mauvais hommes du pays. Dans toutes les villes, des réunions plus ou moins nombreuses vont avoir lieu ; elles se font au bruit du tocsin de la presse révolutionnaire et des alarmes que les calomnies et les passions des journaux ont répandues à l'occasion du changement du ministère. Nous penson que l'autorité aura l'œil sur une entreprise aussi illégale. »

Tant de chaleureuses imprécations et un mois si péniblement rempli de dénonciations devaient faire naître quelques soupçons dans l'âme des écrivains frappés chaque jour de cette lourde massue. Le *Constitutionnel* le premier, le *Courrier Français* et les *Débats* à sa suite, annoncèrent que le nouveau ministère allouait à la *Gazette* 12,000 fr. par mois. Le lendemain, on lisait dans ce dernier journal (3 septembre 1829).

« Nous nous élevons contre une pareille assertion que nous déclarons fausse. La *Gazette*, destinée à combattre l'action du journalisme et à contenir la presse périodique par elle-même, ne se conduira point d'après les errements des autres feuilles. Elle ne reçoit point, elle ne recevra point de subsides. Nous désavouons donc toute vue personnelle qu'on voudrait prêter à la ligne que nous suivons. Nous ne demandons rien. Nous n'avons d'autre désir que celui d'être utile au roi et à la France. »

A cette déclaration que tant d'autres ont si souvent, si inutilement renouvelée, nous ne voulons rien opposer. Nous nous contenterons de mettre en regard ce que la *Gazette* écrivait le 9 octobre de la même année, et nous le faisons comme elle l'a fait, sans mauvaise intention, sans allusion même indirecte.

« Ce qui fait le triomphe des vrais principes, c'est que ceux qui fondent sur leur violation des calculs d'intérêt et d'ambition, ont tous, dans une situation de leur vie, rendu hommage à ces mêmes principes. Le héros de grands chemins, lorsqu'il vient au partage des dépouilles, est obligé de parler de droit et de justice. »

Et comme si la guerre eût été l'élément constitutif de la *Gazette*, comme si, envers et contre tous, elle eût reçu mission de défendre le ministère Polignac, la voilà qui prend les armes pour la prérogative royale, et qui, le 14 octobre, se donne un avant-goût des fatales ordonnances de juillet 1830. Elle dit :

« Si, dans sa conscience royale, le chef de l'état jugeait que l'opinion des chambres est faussée ou pervertie ; s'il était convaincu que le salut de son royaume est l'adoption des plans et des vues du ministère, je ne dis pas qu'il serait dans son droit, je dis qu'il serait dans son devoir de passer outre. Maintenir son ministère dans cette hypothèse, ce serait se maintenir soi-même et ses peuples. Il n'y aurait pas de despotisme, il y aurait défense naturelle. »

Le 6 novembre, ce n'était plus le chef de l'État qu'elle encourageait à la résistance, c'était le ministère :

« Le ministère est résolu à n'accepter de conditions de personne, et, si cela est nécessaire, à en appeler à la France contre une faction dont la perversité est aujourd'hui à découvert.

Puis, frappant d'estoc et de taille sur tout ce qui peut embarrasser sa marche ou celle du ministère, qu'elle défend d'une manière si désintéressée, entendez-la, le 26, fulminer l'anathème contre l'assemblée constituante au service de laquelle maintenant elle met toutes ses trompettes pour emboucher l'éloge parlementaire de 1789.

« Loin de dater de 1789, avoue-t-elle, c'est en 1789 que le gouvernement représentatif a subi les plus rudes atteintes. Le premier acte de l'assemblée qu'on dit constituante fut éminemment anti-représentatif, puisqu'il sacrifia deux représentations au profit d'une seule. »

Elle qui demande si impérieusement, à l'heure qu'il est, le suffrage universel, qu'elle relise ce qu'elle écrivait le 17 mai 1829 sur la loi de M. de Martignac, trouvée insuffisante par ses idées réformistes, et dites-lui de démontrer comment, il y a treize ans, elle avait raison en écrivant ceci, et comment aujourd'hui elle a toujours raison en écrivant cela, tout le contraire, bien entendu.

« Une loi municipale et départementale est présentée ; concession immense qui devait porter le dernier coup à la charte de Louis XVIII, en transportant l'administration dans des assemblées populaires, en étendant l'élection jusque dans les derniers degrés du corps social, et qui consacrait l'indépendance des fonctionnaires jusqu'alors subordonnés. Croit-on que la faction s'en montrera satisfaite? Non. Enhardie par le sentiment de sa force et par la faiblesse du ministère, elle veut un peuple d'électeurs, elle veut partout des assemblées souveraines, des assemblées ennemies du pouvoir royal qui puissent lutter contre lui, l'asservir ou l'expulser. »

Voici ce que M. de Genoude écrivait en 1829. Ne comparons pas, allons toujours, et sans transition, arrivons au 16 décembre. Là vous trouverez la *Gazette* s'improvisant l'arbitre et le juge des pétitionnaires et des pétitions. Reste à savoir dans quelle catégorie elle place maintenant celle de la garde nationale sur la réforme, et comment elle qui n'a jamais changé, elle dont toutes les prévisions se réalisent, peut expliquer le passage suivant :

« Il est de l'essence d'un gouvernement libre, c'est-à-dire d'un gouvernement juste, qu'un recours soit toujours ouvert à la faiblesse contre l'oppression, à la bonne foi contre la fraude. Mais quand la menace prend la forme de plainte, quand le droit, établi comme une défense, se change en arme pour l'attaquer, il n'y a plus ni liberté ni justice. Il n'y a que désordre et confusion. Sous un hommage apparent se cache une tyrannie véritable ; l'autorité passe du patron au client, du corps politique à l'individu sans mission, et les ambitieux qui se flattent de dominer leur souverain par ces désordres ne font que se dépouiller eux-mêmes au profit d'un maître inconnu ; aussi rien de constitutionnel comme le droit de pétition réduit à la plainte, rien d'inconstitutionnel comme ce droit élevé à l'initiative. »

Eh ! mon Dieu ! la *Gazette* n'est pas embarrassée pour si peu. Elle expliquera ces paroles de 1829, terribles accusateurs pour elle en 1842, avec la même facilité que la prophétie suivante à la date du 11 janvier 1830, prophétie que, du reste, vous trouvez stéréotypée chaque jour dans ses colonnes, avec les mêmes expressions, avec la même bonne foi.

« C'est une circonstance fort remarquable que les journaux ennemis de notre cause semblent travailler à leur insu pour l'œuvre que nous accomplissons, et qui n'est autre que la restauration de la prérogative royale. »

Six mois après que cette prophétie était acclamée sur le trépied, l'œuvre que la *Gazette* accomplissait, — œuvre qui n'était autre que la restauration de l'initiative royale, ne l'oubliez pas, — s'en allait avec la royauté sur la route de Cherbourg. Les journaux avaient si bien travaillé à l'insu de la béate crédulité de ces pauvres hommes d'état, que la monarchie tombait pièce à pièce, et expirait de consomption sous leurs étreintes, ni plus ni moins que la réforme qu'ils essaient de galvaniser, et au triomphe de laquelle tous semblent concourir à l'insu de tous.

Un pareil langage était, est encore un charlatanisme coupable; mais que dire de cette inconcevable attaque portée, à brûle-pourpoint, au plus grand écrivain du siècle, à l'homme dont tous les partis honorent le génie et la chevaleresque fidélité? Ouvrez la *Gazette* du 5 novembre 1829, et vous y trouverez ces lignes dont le dernier des pamphlétaires n'aurait osé souiller sa plume.

« On lit dans le *Figaro* la lettre suivante de M. de Châteaubriand; elle est remplie de cette affectation et de ce galimathias qu'on a remarqués dans le discours de l'illustre écrivain au conclave. »

La *Gazette* était donc ministérielle sur toutes les coutures, ministérielle contre les principes de toutes les oppositions, ministérielle, c'est-à-dire pleine d'injures et de haines contre les hommes, et c'était seulement dans le but d'*être utile au roi et à la France* qu'elle agissait ainsi !

Ce but, même quand on se trompe involontairement, sans calcul surtout, est noble et louable; aussi n'aurions-nous que des éloges à donner à la *Gazette* s'il ne se trouvait pas, alors comme aujourd'hui, toujours deux hommes en elle, deux instincts opposés, deux conduites bien diverses. Nous avons exposé son plan de campagne, dit ses ressources, publié ses élans de tendresse vers M. de Polignac et son ministère. Il nous reste une explication à donner à tout ceci. Cette explication que nous ne rencontrons pas dans la *Gazette* est pourtant aussi officielle que ses paroles. Nous racontons simplement les faits.

Quand le prince de Polignac fut appelé au ministère, MM. de Genoude et de Lourdoueix, qui n'étaient plus rien, espérèrent enfin qu'ils pouvaient redevenir quelque chose. Le conseil d'État fut leur point de mire, M. Courvoisier la victime qu'ils choisirent pour y arriver.

Maître des requêtes sous Villèle, M. de Genoude avait été forcé de renoncer à ce titre, parce que, à cette époque, il croyait utile à ses intérêts mercantiles d'obtenir un brevet d'imprimeur. Un père de famille, un républicain, un homme qui avait toujours voulu le suffrage universel, M. Chantpie se vit enlever son brevet pour délits politiques. M. de Genoude le ramassa dans la rue ainsi qu'une épave, et jusqu'au ministère du 8 août, on lut au bas de la *Gazette* : Par les presses de M. de Genoude, rue Saint-Thomas-du-Louvre, n° 32.

Entre l'imprimerie et le conseil d'Etat, il y avait incompatibilité. Le directeur du journal Villèle le savait par expérience. L'imprimerie fut abandonnée, et ce pauvre M. Courvoisier sommé, de par la *Gazette*, Cerbère qu'il fallait endormir avec le gâteau des sinécures, de réaliser les espérances que ses hommes avaient conçues, M. Courvoisier résista, car, disait-il à ses collègues, « l'opposi-« tion de la *Gazette* nous fera plus de bien que son ap-« probation, dont j'ai le chiffre. » M. Courvoisier était sage.

Un revirement ministériel a lieu; il abandonne les sceaux. M. de Montbel arrive à l'intérieur.

Le lendemain, MM. de Genoude et de Lourdoueix sont dans ses antichambres. Fatigués de frapper en vain à la porte du conseil d'État, ils ont mieux à exiger. L'appétit ne leur est pas venu en mangeant, car ils n'ont pas encore mangé, mais il vient aussi en désirant, et ces messieurs de la *Gazette* désirent beaucoup. Montbel est le parent, l'ami de Villèle; il ne peut rien leur refuser. Ils sollicitent donc comme exigerait un créancier oublié. M. de Genoude désigne M. de Lourdoueix aux fonctions de directeur général des beaux-arts, M. de Lourdoueix présente M. de Genoude comme le seul homme capable de tenir entre ses mains les rênes de la police générale du royaume, et M. de Beauregard, qu'une grasse préfecture aurait assez bien accommodé, est choisi comme secrétaire général de la police. Ils communiquent au ministre de l'intérieur tous ces arrangements de famille, dont les ordonnances sont déjà préparées par eux, et auxquelles il ne manque que la signature royale. Ils le pressent, ils l'obsèdent, ils le tiraillent par-ci, ils le torturent par-là. Son hôtel est placé en état de siége. Tous les ressorts sont mis en jeu; M. de Montbel résiste faiblement d'abord; mais peu à peu, encouragé par ses collègues, il refuse avec énergie.

La fièvre de l'obsession devient plus intense, la poursuite plus acharnée. De guerre lasse, M. de Montbel passe au ministère des finances, que M. de Chabrol laissait vacant, et M. de Peyronnet lui succède à l'intérieur.

Ce n'était plus le compte de la *Gazette*. Elle sentit que ses directions étaient indéfiniment ajournées, que M. de Peyronnet ne consentirait jamais à tomber de Genoude en Lourdoueix, de Lourdoueix en Genoude. Elle avait d'excellentes raisons pour cela; aussi, le lendemain même de la nomination de M. de Peyronnet, le 20 mai 1830, se place-t-elle en doucereuse hostilité contre un ministre qui n'admet pas tous ses mérites, et qui, d'emblée, ne jette pas à sa tête les plus productives directions de l'intérieur.

« Nous avons fait connaître hier à nos lecteurs les ordonnances qui ont nommé de nouveaux ministres. Notre respect pour la prérogative royale nous interdit toute réflexion sur ces ordonnances, émanées de la libre volonté du roi. »

Voici son début. Était-ce de l'opposition annoncée, ou plutôt un marché mis à la main ? La presse s'y trompa. Elle ne vit dans ces quelques mots qu'une velléité d'opposition. Le 29 mai, la *Gazette* répondait :

« La *Gazette* n'est point en opposition : elle est seulement en attitude d'observation, parce qu'elle a vu un mouvement hors du système adopté, mouvement qu'il lui a été impossible de comprendre. »

Il lui était impossible de comprendre ce mouvement, à elle qui, pourtant, les comprend et les prévoit si bien tous ! M. de Peyronnet la comprit.

Pour trancher la question ou leur donner l'intelligence qu'ils se plaignaient de ne point avoir, il supprima les pensions dont jouissaient, à je ne sais trop quels titres, MM. de Genoude et de Lourdoueix, si économes, depuis ce temps, des deniers du contribuable.

Ce fut pour eux un coup de foudre dont plus tard ils sauront faire un coup de partie, le dernier supplément des *Actes des Martyrs*, qu'un jour ou l'autre, M. de Genoude fera publier sous ses auspices. Et la *Gazette*, qui, dans la personne de M. de Genoude, *son propriétaire unique*, venait d'être correctionnellement condamnée à quinze jours de prison pour avoir, en faisant allusion à

M. Méchin, déclaré que *les hommes qui forment l'opposition au gouvernement du roi sont en guerre ouverte avec l'ordre social*, la *Gazette*, à son tour, essayait de cette même opposition. Elle ne se lançait cependant qu'avec réserve; elle ne voulait pas surtout brûler ses vaisseaux, car elle espérait encore en M. de Polignac. Elle espérait en l'initiative royale; elle espérait même quand il n'y avait plus d'espérance.

Aussi sa cauteleuse politique était-elle si bien percée à jour que le *Temps*, la *Quotidienne* et toutes les feuilles annoncèrent que M. de Lourdoueix venait d'être nommé directeur général des beaux-arts. C'était, il faut en convenir, une amère plaisanterie.

A la veille du 25 juillet, le 21, quatre jours avant les ordonnances, devinez-vous ce que répond la *Gazette* à cette nouvelle, qui remuait le poignard dans sa blessure toujours saignante.

« Nous livrons cette infamie à l'indignation de tous les gens de bien, s'écrie-t-elle dans une sainte terreur. »

Et si on eût, bien témérairement sans doute, accusé M. de Lourdoueix d'une action immorale, par exemple, d'avoir arraché une femme à ses devoirs d'épouse, de quelles expressions se serait donc servie la *Gazette* pour repousser pareille flétrissure, qui, tout le monde le sait, aurait été aussi imaginaire que la nouvelle en question?

M. de Lourdoueix directeur général des beaux-arts, sans M. de Genoude directeur général de la police, c'était une infamie!

Puisque leur journal y tient, nous ne voulons pas le contredire sur ce point tout personnel; mais qu'est-ce donc que la France aurait dit, si M. de Genoude eût obtenu les lucratives et importantes fonctions, objet de ses éternelles convoitises?

Nous voici au 26 juillet. Les ordonnances sont au *Moniteur*. La *Gazette* n'en a connaissance que par lui; mais ce jour-là même elle y adhère en ces termes :

« Tous les hommes de bonne foi ne peuvent manquer de reconnaître que la situation des affaires appelait un remède efficace. La prérogative royale était menacée d'être effacée par la Charte, et, aujourd'hui peut-être, un grand nombre de personnes, qui ne tenaient pas assez compte de la position où on avait mis le roi, seront-elles forcées de reconnaître qu'il est des choses impossibles à un roi de France, car elles le seraient à tout homme d'honneur. »

Le lendemain, 27, les événements s'assombrissaient. La *Gazette* prend une teinte plus prononcée de frayeur et de légalité; elle n'attaque plus; elle ne blâme pas encore.

« Quant à la constitutionnalité des ordonnances du 25 juillet, lit-on dans ce journal, elle ne peut être pour nous l'objet d'un doute. Toute constitution possible s'est réservée le moyen de se préserver ellemême. Nous sommes pour les mesures légales; mais nous devons le dire, sûrs d'être entendus par la conscience des hommes de tous les partis, nous ne connaissons point de mort légale pour les gouvernements. »

Le 28 il n'y a plus de *Gazette* pour prêcher la prérogative royale, il n'y en a plus pour appeler la France au secours de la monarchie expirante; mais M. de Genoude, mais M. de Lourdoueix, muets devant le mouvement populaire, sont moins discrets en présence du prince de Polignac qu'ils ont eu hâte de féliciter. Le 26 au soir ils sont là, dans ses bras, à ses genoux, là, dans cet hôtel de la rue des Capucines qui va bientôt être assiégé par le peuple, et M. de Genoude, qui a toujours un mot préparé à la longue pour la circonstance, M. de Genoude s'écrie :

« Ce n'est pas un coup d'état, monseigneur, c'est un coup de Charte. »

En sortant de la présidence du conseil, M. de Genoude, aux risques et périls de sa fortune, mettait la clef sous la porte de la *Gazette*, dont le nom retentissait tristement dans le souvenir des masses. Il prenait paisiblement la route de son château du Plessis. M. de Lourdoueix s'échappait par une autre issue, se cachait dans une autre habitation, oubliant tous deux alors ces paroles gravées dans la *Gazette* depuis le 9 janvier 1827 :

« A l'apparition du nouveau projet sur la presse l'*Écho du soir* disparut ; voici le tour de l'*Aristarque*. Soldats sans courage, ils fuirent à l'approche du combat. »

Ne caractérisons rien ; racontons toujours.

Le 27, le 28, le 29 on combattit, Français contre Français ! Le 30, la victoire était décidée en faveur du mouvement populaire. Le 31, au premier indice d'ordre qui se manifeste dans cette confusion, dans cette absence de tous les pouvoirs, un des collaborateurs de la *Gazette*, M. Lubis, comprend qu'un journal qui se dit monarchique ne doit pas tomber avec le vieux drapeau blanc que ce journal a tant de fois compromis, et tomber sans courage comme sans honneur quand la monarchie disparait. Ne s'inquiétant point des conséquences que peut entraîner sa démarche, M. Lubis publie la *Gazette*; il la signe de son nom, du titre de rédacteur en chef, qu'il usurpe, et la *Gazette* est conservée à son propriétaire unique, malgré le lâche abandon de M. de Genoude.

Pendant ce temps-là, blotti derrière les tourelles de son Plessis, à vingt grandes lieues de Paris, celui-ci attendait des événements dont la capitale était le théâtre l'interprétation qu'il donnerait aux coups de Charte qui, hélas ! sont des coups d'état.

V

Le sort de la vieille monarchie est décidé; M. de Genoude sait enfin distinguer les coups d'état des coups de charte; et quand Paris, bouleversé jusqu'en ses fondements, eut repris son attitude de tous les jours, sa tranquillité de toutes les heures, quand le canon ne gronda plus dans les rues que pour annoncer l'incompréhensible triomphe du peuple, la lieutenance générale du royaume, le veuvage du trône et le funeste départ de Rambouillet, M. de Genoude fit comme tous ceux qui sauvent la patrie après coup, il revint dans les fourgons de la victoire. Il se jeta à la suite de la Providence dont il allait expliquer les secrètes intentions. A cette époque où tout le monde faisait sa proclamation, où tout homme qui disposait d'une feuille de papier s'adressait à la foule pour se plaindre du passé, pour escompter le présent, M. de Genoude jugea utile de faire précéder son arrivée à Paris de quelques paroles, dont sa reconnaissance envers les vieux Bourbons n'eût sans doute pas beaucoup à souffrir.

Il se fit poser en martyr ; il n'accusa plus la restauration ; mais il laissa dire dans sa *Gazette* que lui aussi avait été destitué par elle, et que volontairement il s'était dépouillé, le 19 mai 1830, des pensions qu'il dévorait au budget.

C'était une bien gratuite calomnie de la part de cet homme, une lâcheté encore plus insigne même que la calomnie ; car vous savez pour quel misérable calcul de lucre cet homme sacrifia sa position au conseil d'état, position qu'il avait conquise à la sueur de tous les dévouements mercenaires, et qu'il abandonnait pour un brevet d'imprimeur arraché par la police à un père de famille, à un républicain.

Nous avons dit dans quelle circonstance M. de Peyronnet lui enleva, à lui et à M. de Lourdoueix, les pensions dont ils jouissaient sous le titre si commun d'hommes de lettres. Aussi, le public ne s'occupa-t-il guère de cette apologie dont M. de Genoude avait cru devoir faire précéder son retour. On le vit arriver comme on l'avait laissé partir.

Il retrouva debout sa *Gazette* abandonnée par son

courage douteux dans la lutte qu'il avait si souvent travaillé à ouvrir, et il se remit à l'œuvre, passant l'éponge sur tous les bienfaits, et ne gardant dans son cœur que le souvenir des refus que la restauration avait eu le bon esprit de lui faire.

Les esprits étaient entraînés vers l'inconnu. L'ordre matériel s'était rétabli comme par enchantement; mais ces trois grandes journées, que l'histoire expliquera, avaient jeté dans les intelligences tant de ferments de discorde, abattu tant de puissances pour en élever d'autres, méconnu tant de principes pour en fausser de nouveaux, que, des pavés béants de la capitale, on s'attendait à chaque heure à voir s'élancer un volcan qui devait tout consumer. Il n'y avait rien de stable, ni dans les positions partout ébranlées, ni dans les têtes, travaillées à la fois par mille passions tour à tour nobles ou perverses, mais presque toujours dangereuses. Le présent était chargé de nuages, l'avenir gros de tempêtes.

Après avoir sondé les profondeurs de l'abîme, le pilote de la *Gazette* eut peur, il marcha en tâtonnant. La peur fut son génie d'inspiration, le mobile qui dirigea sa politique à travers les phases si diverses que nous allons traverser au pas de course.

Il eût été bien beau à la *Gazette* qui devait tout à Charles X, plus beau encore à M. de Genoude que la restauration avait adopté, avait enrichi comme un orphelin légué à sa bienfaisance par la charité publique, d'avoir des larmes sur des infortunes qui frappaient l'Europe de consternation, et sur cette royale famille qu'un troisième exil emportait sur la terre étrangère. La *Gazette* ne comprit pas ce noble rôle ; il aurait pu nuire à ses intérêts.

Son cœur ne s'émut point durant ce long voyage de Rambouillet à Cherbourg ; elle fut aussi laconique, aussi impassible que le *Moniteur* dont elle empruntait les récits officiels, et, au lieu de défendre, ou tout au moins de pleurer la légitimité partant pour l'exil, on l'entendit avec surprise, égoïste qui cherchait son terrain, essayer de faire sa paix avec le nouveau pouvoir que le 7 août venait de proclamer. Ses pensées consignées le 12 du même mois dans les colonnes du journal en sont une preuve irréfragable.

Après s'être défendue contre des attaques dont elle n'accepte point la solidarité, elle accuse le passé ; puis, ingrate par système, elle lui reproche de n'avoir pas ajouté foi à ses prophéties, et elle dit :

« Plusieurs journaux cherchent à faire croire que les hommes qui partagent les opinions que nous avons exprimées, animés du désir de renverser le pouvoir qu'on vient de proclamer, font afficher des placards pour Napoléon II, et s'efforcent d'exagérer le mouvement républicain afin de conduire à la guerre civile. Nous repoussons avec horreur une supposition aussi outrageante pour nous.

» L'adoption d'un pareil but supposerait une perversité machiavélique qui ne peut exister dans un cœur dont le seul objet est le bien public.

» Comment croire que ceux qui considèrent la légitimité comme la première condition de l'ordre et de la liberté pourraient se rendre les organes de la souveraineté populaire et les suppôts de l'usurpation impériale? Que ceux qui nous calomnient sachent bien que si les fautes qui ont, selon nous, été faites, produisent de fâcheuses conséquences, nous serons les premiers à les déplorer; qu'ils sachent que c'est dans le sentiment profond de notre amour pour la France que toutes nos objections et nos craintes ont été puisées; et que, dans tous les cas, on ne nous accuse pas d'être les auteurs de ce dont nous n'aurons été que les prophètes. Ce n'est pas nous qui essaierons jamais de tirer les conséquences du principe de souveraineté populaire qu'on vient d'introduire dans la Charte; nous désirons, au contraire, que ce principe devienne inerte, et que ceux qui s'y sont soumis parviennent à le subjuguer. »

Fatales paroles oubliées comme tant d'autres! mais qui, depuis que la peur n'enchaîne plus sa plume, ont dû souvent retomber sur la conscience de la *Gazette* comme un remords. Le 12 août, écoutez-la. Juillet fermente encore.

Pour vivre ce n'est pas à la rue qu'elle doit s'adresser; pour conserver ce qu'elle a conquis dans les antichambres de la restauration, il lui faut un pouvoir protecteur, un abri sous lequel elle puisse dormir en paix, sauf à voir plus tard ce que l'on fera même de cet abri, et au milieu de toutes les passions déchaînées, dans ce grand cataclysme de tous les partis aux prises, la voilà qui vient en aide au nouveau pouvoir et qui s'écrie : *Ce n'est pas nous « qui essaierons jamais de tirer les conséquences du*

« *principe de souveraineté populaire qu'on vient d'in-* « *troduire dans la Charte.* » Elle va plus loin, la peur est comme la faim, une mauvaise conseillère. Elle désire que ce principe devienne inerte, et mieux encore, elle espère qu'on l'étouffera même en germe.

La *Gazette* disait cela textuellement. Elle s'engageait, le 12 août 1830, à combattre le principe de souveraineté populaire ; elle avait peur.

Un jour viendra où ce serment sera, comme tant d'autres, oublié ou violé, et ce jour est venu depuis longtemps. Les hommes de la *Gazette* ne s'en gênent plus. Les conséquences du principe que l'on désirait voir devenir inerte sont développées par eux avec une fièvre de radicalisme qui absorbe, qui fait pâlir la république elle-même, et quand on leur demande où ils vont :

Ah ! disent-ils, et nous l'avons, nous, entendu sortir de la bouche de l'un d'eux, on a voulu que le peuple fût souverain, il le sera et par nous : nous vous en ferons, nous, de la souveraineté populaire, et elle ira jusqu'où elle pourra aller.

Le dernier terme de la souveraineté populaire, c'est 1793.

En 1830, on n'en était pas là encore, la *Gazette* non plus. La souveraineté du peuple était frappée d'interdit comme la légitimité de Charles X, de Louis XIX ou d'Henri V ; il n'y avait qu'un roi en France, et ce n'était pas dans la *Gazette* un roi des Français ou Louis-Philippe d'Orléans :

c'était le roi. Pour saluer l'élu du 7 août de ce titre, la *Gazette* n'y allait pas par deux chemins; elle ne connaissait pas d'ambages, elle n'employait pas de détours ; elle disait : *Le roi* a reçu en audience particulière M. le duc de Trévise : *Le roi* a présidé le conseil des ministres : *Sa majesté* est sortie pour aller à Neuilly : Par ordonnance du *roi*, etc.

La reine avait son tour. Elle était saluée de ce titre sans restriction, ainsi que sans commentaire ; et remarquez bien que ce n'est, ni comme extraits du *Moniteur*, ni comme empruntés à une feuille dynastique que la *Gazette* donne ces titres de *roi*, de *reine*, de leurs *majestés*. Elle a si grande peur, que c'est de son chef qu'elle reconnaît les faits accomplis, qu'elle les prend pour ce qu'ils sont, et qu'elle les traduit par une expression qui dut bien coûter à sa primitive foi monarchique.

Sur la route de Cherbourg une *Gazette* tomba entre les mains de Charles X, il la parcourut d'un œil avide, et, la passant à son fils :

« *Tenez*, dit-il avec une amertume concentrée; *aux yeux de ces gens-là il n'y a déjà plus de roi en France que notre cousin d'Orléans.* »

Le mot fut répété à la *Gazette*; elle en rit beaucoup dans ses huis-clos.

Les ministres, signataires des ordonnances du 25 juillet, n'étaient pas encore arrêtés ; mais déjà la *Gazette* instruisait leur procès et elle les condamnait, non pas pour avoir fait un *coup de charte*, mais pour ne pas avoir suivi ses principes ou écouté ses leçons. Elle prophétisait dans sa chaire. Après les insurrections monarchiques du midi et de la Vendée, voyez comme ses paroles doivent porter la conviction dans les âmes. Le 15 août elle écrivait :

« Nous avons dit, il y a plusieurs jours, qu'aucune agression monarchique intérieure ou extérieure ne viendrait contrarier le nouveau gouvernement.... Nos principes sont connus. Pendant sept ans ils ont été mis en action dans ce pays, on a vu ce qu'ils y ont produit ; s'ils ont succombé, c'est qu'ils ont été, plus tard, confiés à des hommes qui n'ont su ni les comprendre ni les appliquer. »

Et comme pour donner aux anciens ministres de Charles X un avant-goût des sourdes persécutions dont elle devait les poursuivre, entendez-la, triste et lâche écho du *Journal des Débats*, dont elle a cependant eu le courage de faire l'histoire, répéter après lui, et répéter, sans daigner l'expliquer, la petite nouvelle suivante :

« Il paraît certain aujourd'hui que M. de Polignac et M. d'Haussez sont arrivés à Londres. Les ministres anglais ont refusé de les recevoir. On assure même qu'un grand nombre de maisons particulières leur ont été fermées. »

L'explication cependant eût bien été à sa place dans une feuille légitimiste, mais déjà la plupart de ces feuilles, divisées en coteries, subdivisées en individualités pour mieux appliquer leur fameux : *Tout pour la France et par la France*, commençaient leur système d'épuration qui tôt ou tard doit les laisser solitaires en face de leur caisse épuisée. Personne ne releva ce mensonge de la *Gazette*.

Le baron de Saint-Albin, gendre de M. d'Haussez, se présenta dans les bureaux de la rue du Doyenné; il prouva le mensonge. La *Gazette* ne voulut rien entendre. A nous, à remplir encore cette tâche.

Il est très vrai que lord Wellington, alors chef du cabinet de Saint-James, reçut assez mal M. le baron d'Haussez proscrit; mais le motif de cet accueil discourtois honore trop le dernier ministère de Charles X pour que nous consentions à garder le silence comme les muets de la presse prétendue monarchique. Le duc de Wellington ne fit qu'un reproche au baron d'Haussez. Ce reproche le voici: « Votre ministère, lui dit-il, a fait deux fautes qu'ici nous ne lui pardonnerons jamais. Sans notre agrément il a pris Alger et il a toujours été trop français pour nous. »

M. d'Haussez se retira plein d'orgueil. Que les royalistes s'interrogent maintenant, et qu'ils disent si c'était dans un journal qui marchait sous leur drapeau que l'on devait trouver la honteuse calomnie dont la *Gazette* se faisait le truchement.

Mais c'est ainsi que toujours elle procède. Vous ne la verrez jamais attaquer à front découvert ceux qu'elle redoute ou qu'elle hait de ses bonnes haines de dévote. Une attaque démasquerait sa tactique, et peut-être coûterait cher à son amour-propre vulnérable sur tant de points ; mais il est si commode de rejeter au compte d'une erreur ou d'un coup de ciseau mal avisé la reproduction d'un article que l'on a caressé avec amour, la publicité d'un mensonge qui vous venge d'un seul trait, que jamais la *Gazette* ne s'est refusé cet odieux bonheur. Un pareil moyen est aussi bien mis en usage contre les ministres de Charles X qui n'ont pas voulu faire de ses chefs des directeurs de la police et des beaux-arts, que contre monseigneur de Quélen, archevêque de Paris, auquel l'abbé Genoude ne pardonnera jamais son exclusion de la chaire de Notre-Dame.

Par procureur fondé, on se plaisait à accuser et à calomnier des ministres qui, aux yeux de la *Gazette*, avaient eu le tort bien excusable de mépriser ses avances intéressées ; mais ce n'était point par intermédiaire que l'on cherchait à donner quelque force au gouvernement nouveau, et qu'on le louait avec expansion de ses efforts pour atténuer ce principe de souveraineté populaire et de droits naturels que l'on prêchera plus tard. Écoutez la *Gazette* du 5 septembre 1830 et jugez :

« Le nouveau pouvoir qui s'est élevé pour empêcher l'anarchie n'éprouverait aucun embarras si l'on n'invoquait contre lui toutes ces maximes de souveraineté populaire et de droits naturels, en vertu desquels on a fait la révolution dont il est né. S'il n'a pas encore toute la force qu'on pourrait lui souhaiter dans l'intérêt de l'ordre, c'est qu'il ne peut agir contre son principe, et qu'il trouve ainsi dans sa situation un obstacle à la mission très louable qu'il cherche à remplir. »

Cependant, ces gages donnés avec un si généreux abandon et une profusion toute dynastique ne rassurèrent guère les feuilles libérales, qui, par de récentes expériences, avaient rencontré la *Gazette*, tantôt dans le camp de la censure, tantôt dans celui de l'arbitraire, mais toujours à l'affût des circonstances qui pouvaient favoriser sa prospérité matérielle. Elle ne paraissait pas beaucoup s'inquiéter des résultats politiques qu'amèneraient des événements sans cesse en opposition avec ses prévisions de boutique.

On la confondait à tort avec la *Quotidienne* et avec les autres feuilles légitimistes qui ne trafiquaient ni de leur probité politique ni de leur royalisme. On l'accusait d'être *carliste*, c'est-à-dire de soutenir ce qui était tombé, de respecter le malheur, l'exil, la vieillesse, l'enfance et trois générations de rois dont elle n'avait reçu que des bienfaits. Cette accusation pouvait doublement la compromettre, la *Gazette* ne voulut pas rester sous le coup d'une pareille calomnie. Elle fit bien, elle donna sa mesure :

« Quelques journaux, disait-elle le 7 septembre, continuent, malgré la déclaration que nous avons faite, à confondre dans les mêmes attaques la *Gazette de France* et d'autres feuilles qui suivent une marche fort différente de la nôtre. Nous en appelons de cette confusion à la bonne foi de tous les hommes équitables et impartiaux. Il n'y a pas plus d'analogie entre la politique que nous suivons et celle des ces feuilles, qu'il n'y en a eu lorsque l'opinion que nous représentons avait le pouvoir. Les motifs qui nous divisaient, et qui ont leur source dans des manières de voir bien différentes, subsistent encore aujourd'hui. Il y a dans l'affectation des journaux à confondre des faits si distincts une injustice réelle que nous croyons devoir encore une fois leur signaler. Nous n'avons défendu d'autre système politique — et où était alors le système *national* qu'elle prêche aujourd'hui? — que le système monarchique parlementaire qui, pendant sept ans, a réalisé en France une prospérité incontestable ; nous avons combattu tous les autres dès que nous avons vu qu'ils s'écartaient de celui-ci. On sait quels étaient alors nos adversaires : comment pourrait-on nous les donner aujourd'hui pour associés? »

Comme si cette séparation violente, comme si tant de maladroites apologies n'avaient pas encore rassuré sa cauteleuse direction, la voilà qui, le 17 septembre, toujours 1830, par amour de l'unité monarchique et par tendresse pour le roi nouveau qu'elle a consacré, adopté jusqu'à des temps meilleurs pour elle, pousse à l'énergie et recommence son métier de censeur au profit de la branche cadette, comme elle l'exerçait naguère au préjudice de la branche aînée. Il y a eu des embarras sous lesquels a succombé l'une, la *Gazette* ne veut pas qu'ils puissent menacer l'autre.

Aussi, lisez les conseils qu'elle lui prodigue, et dites si MM. Persil, Plougoulm et Hébert, ces loups quelque peu clercs, comme s'exprimerait Paul-Louis, ne rencontrent pas chez elle la matière première des réquisitoires qu'ils fulmineront plus tard.

Le procureur du roi improvisé, le journal de l'énergie contre les idées démocrates, a la parole.

« Il est aisé de comprendre, s'écrie-t-il, qu'un mouvement de l'opinion et des affaires, hors de l'unité monarchique, ne pourrait qu'affaiblir ces deux motifs de tranquillité, et tendrait à réaliser les embarras dont la prévision avait amené l'ordre de choses actuel.

« Nous ne pouvons donc qu'applaudir aux efforts qui tendent à combattre ce mouvement; mais il s'en faut de beaucoup, selon nous, que ces efforts soient assez énergiques et assez francs pour être en rapport avec la franchise et la rigueur des attaques. »

Ce n'est pas tout : la *Gazette* qui, comme le Dickson de la *Dame Blanche*, a toujours peur, et qui tremble devant le royalisme menaçant de la Vendée comme en présence des émeutiers républicains qu'elle courtisera après la défaite, la *Gazette* fait office d'espion; elle descend dans les clubs qu'elle n'a pas encore organisés par son association de défense mutuelle. Elle connaît leur but, leur nombre; elle sait ce qu'ils vont entreprendre, ce que la république veut tenter à main armée. Les hommes de la *Gazette* s'associent eux aussi; mais alors la république lui inspire plus de terreur que le nouveau pouvoir monarchique, et c'est la république qu'elle dénonce le 27 septembre 1840.

« La France ne sait pas où on la mène, ni ceux qui la mènent ne savent où ils seront entraînés eux-mêmes. Le mouvement révolutionnaire va plus vite et plus loin qu'ils ne veulent, et s'ils ne parviennent à s'en rendre maîtres, il est aisé de prévoir qu'ils en seront renversés, eux et le gouvernement qu'ils ont fait.

« Un parti républicain s'est élevé ; il a commencé à signaler son existence dans la crise même des trois journées, où des cris de vive la République ! se mêlèrent aux cris de vive la Charte ! Depuis, il grandit de jour en jour. Il a des journaux pour organes ; il a rétabli les clubs dans la capitale, les clubs supprimés par la convention et prohibés par le Code pénal actuel. Il y compte déjà quinze cents membres et ses émissaires parcourent les provinces pour y former des affiliations. »

Auxiliaire bénévole de la police politique, elle lui vient en aide sans arrière-pensée, disons mieux sans espérance; elle ne s'est pas fait son panégyriste, mais elle cherche à se donner pour conseillère, et, dans ses moments lucides, quand son intérêt privé est d'accord avec les dangers publics, ah ! voyez comme elle est belle de dévouement à la centralisation ! comme, avec sa longue épée de Don Quichotte, elle poursuit les rêves de ceux qui veulent fédéraliser la France, et avec quelle verve d'à-propos elle stigmatise, le 10 octobre, les songes-creux politiques qui veulent arracher la province à la domination de Paris. Bientôt nous l'entendrons changer de système, combattre à outrance la centralisation, trouver mauvais le lendemain ce que la veille elle aura admiré ; mais pourquoi s'occuper de pareilles tergiversations ?

Le 10 octobre 1830, la *Gazette* avait peur, non pas des provinces, qui ne devaient lui faire aucun tort immédiat ; mais peur de cette grande ville dont les intérêts étaient si gravement compromis, et qui, d'un moment à l'autre, pouvait se livrer à de terribles réactions. Tous les efforts de la *Gazette* tendent donc à neutraliser en sa faveur ce mouvement dont elle craint les conséquences. Elle a proclamé Louis-Philippe roi, accepté les faits à peine accomplis; elle a demandé l'arbitraire quand la liberté naissait à peine. Maintenant la voilà qui ameute Paris contre la province, et qui, dans un article intitulé: *Du projet d'une république fédérative en France*, frappe d'estoc et de taille sur tous ceux qu'elle suppose réclamer aujourd'hui ce qu'elle exigera demain.

Ne lui parlez pas de décentraliser la puissance, d'isoler Paris, de l'affamer au profit des provinces; la *Gazette* anathématise ce projet absurde dont, dans quelques jours, elle fera son pain quotidien. Elle le repousse avec véhémence, car ce ne sont pas les provinces qu'il lui importe d'endormir, c'est Paris, Paris qui n'a pas encore laissé les armes et qui, surtout, ne veut pas qu'une révolution faite par lui, tourne à son désavantage. La *Gazette* a compris cette position; aussi, comme elle s'exécute avec grâce! que de bonnes raisons elle apporte pour donner encore plus d'empire à la centralisation. Ecoutez!

« Les provinces, n'en doutons pas, accepteraient avec empressement l'institution de ces républiques fédérées; cette institution les séparerait de Paris, dont la domination leur est odieuse depuis si longtemps, dont la splendeur et les richesses sont pour elles un objet d'éternelle jalousie. Lyon, Marseille, Bordeaux, Rouen, se réjouiraient à la pensée de rivaliser l'ancienne capitale, à l'espoir de l'effacer un jour. Mais Paris! voyez d'abord ce qu'il deviendrait dans ce système.

« Parisiens, un instinct de conservation vous a déjà portés à fermer les clubs, malgré les principes qui les autorisent. Puisse cet instinct vous tenir constamment réunis contre toute nouvelle révolution, malgré les mêmes principes qui appellent et justifient toutes les révolutions! — Et que veut donc la *Gazette* avec sa réforme et sa décentralisation? —

» Paris serait à jamais privé des capitaux que versait dans son sein une liste civile de trente-deux millions de revenu. Il n'y aurait plus de liste civile, puisqu'il n'y aurait plus ni roi ni famille royale. »

Suivent quatre : Il serait à jamais privé, etc., où sont établis avec une force étonnante de logique pour la *Gazette* tout ce que les Parisiens auraient à perdre dans ce grand mouvement de bas en haut qui est dans ses vœux actuels ; puis elle continue :

« Nous venons de démontrer que la république fédérative comme la république une et indivisible n'attirerait sur la France, et particulièrement sur la capitale, que des fléaux de toute espèce, que d'innombrables calamités. Que voulons-nous en conclure? Une seule chose: c'est qu'il faut que tous les Français, amis de l'ordre, quelles que soient leurs opinions, empêchent le gouvernement de glisser sur la rapide pente où il se trouve et qui mène aux révolutions. »

Remarquez bien que la politique de la *Gazette* se résume dans les circonstances difficiles en un appel *à tous les Français amis de l'ordre* pour empêcher, comme elle le dit, le gouvernement de glisser sur la rapide pente qui mène aux révolutions. Elle est dynastique, conservateur, torie, implacable adversaire de l'anarchie ; elle est tout ce que vous voudrez, excepté la *Gazette* de la restauration et la *Gazette* d'aujourd'hui. Elle a pris un masque de Fabius-Cunctator, drapé sa peur dans le justaucorps citoyen ; elle s'est affublée d'un habit d'emprunt ; elle demande aide et protection contre la souveraineté populaire aux baïonnettes qui ont chassé des Tuileries la vieille monarchie. Elle n'a d'entrailles que pour ce pouvoir naissant qu'elle excite à la répression comme naguère elle y excitait celui de Charles X.

Ce n'est pas la guerre qu'elle veut, c'est la paix, car la guerre serait sa mort ; et, cherchant par des palliatifs de juste-milieu à faire oublier tous ses antécédents et à cacher le renard sous la peau de la brebis, elle vient, toute parfumée de son arbitraire de la veille, se mettre à la disposition du gouvernement de juillet, qui passe devant elle sans daigner jeter une obole ou un sourire à ses génuflexions d'ordre public, à ses proclamations contre les clubs qu'elle va tenter de ressusciter lorsque la garde nationale leur aura donné la fameuse consigne : On ne passe pas.

Des élections partielles doivent avoir lieu sur bien des points, afin de pourvoir aux démissions que la plupart des députés légitimistes ont données pour refus de serment au nouvel ordre de choses. La *Gazette* est sur un terrain qu'elle n'a pas sondé. Les royalistes sont nombreux; leurs suffrages peuvent décider l'élection et amener peut-être la chute du trône qu'ils n'ont pas contribué à fonder. La plupart comprenaient ainsi leur mission. Ils voulaient arriver à l'ordre par le désordre, bouleverser légalement, parlementairement ce que juillet avait établi légalement, parlementairement.

Il fallait donc, en dehors des carlistes inacceptables pour le moment, nommer des ennemis du 7 août, ceux-là même que, depuis cinq ans, la *Gazette* présente avec une audacieuse confiance. La peur lui conseilla une marche toute opposée. Elle n'était pas encore montée au diapason de la coalition, et les quelques lignes qui suivent, écrites le 8 octobre 1830, le prouvent jusqu'à l'évidence.

« Les royalistes ne peuvent aller aux élections que dans un seul but, celui de faire prévaloir les candidats qui, à leurs yeux, représentent le mieux les intérêts de l'ordre social. Aucune concession de leur part ne doit être faite aux opinions contraires, et il est aisé de prouver que ces concessions compromettraient plutôt qu'elles ne serviraient la cause de l'ordre. »

Au milieu de toutes ces misérables terreurs dont elle a bien appelé, depuis que le danger ne lui a plus semblé aussi menaçant, le procès des ministres s'instruisait.

L'opinion publique recherchait, avec les commissaires accusateurs, les motifs qui avaient poussé le gouvernement de Charles X dans des voies périlleuses, et la *Gazette*, qui se faisait un bouclier du retrait de ses pensions, poursuivait d'une haine calculée les captifs dont naguère elle avait chanté les louanges, les vaincus qu'elle avait si souvent désiré porter sur son pavois en leur mettant à la main un marché de places et de faveurs. Elle était bien dévouée à l'ordre de choses actuel, mais ce dévouement de fraîche date devait avoir un mobile. Il devait surtout appeler l'attention sur la polémique en partie double qu'elle engageait dans ses colonnes, et faire peut-être oublier à la liste civile de son nouveau roi, héritière de celle de Charles X, certains titres enfouis dans ses cartons. M. de Genoude espérait, à l'aide de ses petites ruses, que l'on ne se souviendrait plus de quelle manière l'*Étoile* avait pris le titre de *Gazette de France*. Pourtant à la veille de ce grand procès, le 2 décembre, ce n'est plus la *Gazette de France* que dirige M. de Genoude, c'est l'*Étoile-Gazette de France*.

Le 9 du même mois, une nouvelle transformation a lieu; un nouveau titre est adopté. Le voici. C'est :

L'ÉTOILE

Gazette de France.

Jusqu'au 1er février 1831, il subsiste tel quel. Mais alors on lui fait subir un nouveau changement.

C'est toujours l'*Étoile* qui brille à l'enseigne de la boutique intellectuelle, mais les lettres qui composent ce mot ont diminué de longueur et de largeur. Celui de *Gazette de France* qui le suit l'éclipse de tout son éclat.

Le 4, c'est l'*Étoile-Gazette de France* comme au 2 décembre, et le 5, c'est ainsi qu'aujourd'hui la *Gazette de France.*

L'étoile a filé.

Pourquoi tant de transformations successives? Pourquoi le même journal, avec le même directeur, affecte-t-il de dérouter ainsi ses abonnés? Expliquons en quelques mots ce qui doit sembler une énigme ridicule, et ce qui pourtant a coûté tant de frais d'imagination à M. de Genoude.

Charles X avait donné à l'*Étoile*, dont M. de Genoude n'était pas encore le propriétaire unique, le titre et la clientèle de la vieille *Gazette de France* qui appartenait à la liste civile; mais, assure-t-on, cette donation n'avait pas été faite au terme de la loi; il y manquait une sanction. La nouvelle liste civile pouvait revendiquer ses droits et anéantir ainsi le coup de fortune que Charles X avait laissé tenter à celui qui a si tristement reconnu pareil bienfait. Il fallait donc, pour ainsi dire, naviguer entre deux eaux et se tenir prêt à toute occasion, pour amortir une exigence que l'on redoutait.

De là ces transactions publiques avec l'ordre; de là ces tirades quotidiennes contre l'anarchie; de là encore ces changements successifs de titres qui servaient à prouver que l'on ne s'attachait pas plus à l'un qu'à l'autre.

A l'aide de ce subterfuge, dont elle s'applaudit encore comme d'un croc-en-jambe diplomatique mille fois plus habile que toutes les habiletés de M. de Talleyrand, elle traversa sans encombre le procès des ministres, qu'elle accusa à sa manière, qu'elle condamna à son tribunal. Quand il n'y eut plus à craindre que des émeutes sans énergie, des émeutes s'épuisant par leur multiplicité, quand le gouvernement, consolidé par les excès mêmes de ses ennemis, fut bien décidé à repousser la force par la force, la *Gazette* prend enfin une attitude plus décidée.

M. de Genoude, opposé à la prestation du serment électoral, M. de Genoude, qui a par hasard des scrupules comme il sait l'hébreu, les fait céder devant la grande obligation qu'il s'impose. La députation le tente. Il lui faut un collége électoral à tout prix pour disputer à M. Berryer, qu'on jalouse déjà, la palme de l'éloquence, et, le 8 janvier 1831, le petit article suivant, toujours aussi peu clair que ceux dans lesquels la *Gazette* cherche à émettre sa pensée intime, paraît dans ce journal.

« La convocation des deux colléges d'Aix et de Redon pour le 17 de ce mois va résoudre une grande question qui intéresse notre avenir politique. Il est certain que les électeurs royalistes ont la majorité dans ces deux colléges, et pourront envoyer deux députés à la droite, et cependant MM. Thiers et Gaillard-Kerbertin, nommés dernièrement par ces deux colléges, siégent sur les bancs de la gauche, la majorité des électeurs s'étant abstenue de voter. On croit que cette fois il n'en sera pas de même, et que les électeurs royalistes ont résolu de se rendre à leurs colléges, et d'y faire passer leurs candidats. »

La ligne nationale n'étant pas encore inventée par lui, M. de Genoude se contentait de celle qu'il appelle parlementaire, et pour cela il avait ses raisons. Il croyait avoir mis la main sur un collége.

L'arrondissement de Redon lui offrait des chances favorables, en ce sens que les royalistes s'y trouvaient en majorité. Des ouvertures sont faites à un homme influent de cette localité. M. de Genoude l'entoure de toutes ses petites cajoleries ordinaires; mais au premier mot sans ambiguité qui fut prononcé, à ce désir de la députation que M. de Genoude ne semblait témoigner que dans l'intérêt seul du parti, une objection fut faite :

— Mais, monsieur, lui dit l'électeur, comment vous déciderez-vous à prêter le serment?

— Ah! répond avec componction le futur candidat, je suis un homme de sacrifice. Je saurai encore en faire un. D'ailleurs, ne suis-je pas un soldat? et ne dois-je pas monter sur la brèche quand l'honneur du drapeau est compromis?

— Ma voix, sans doute, vous serait acquise, réplique l'électeur qui comprenait la portée d'un semblable sacrifice; mais la Bretagne, monsieur, ne croit guère au légitimisme des hommes qui saluent Louis-Philippe d'Orléans du nom de roi, et vous le saluez ainsi tous les jours, et vous le reconnaissez avant de le combattre.

M. de Genoude s'attendait à l'objection. Il était paré d'avance.

Depuis le 5 janvier 1831, soixante-douze heures seulement avant la conversation, il avait pris ses précautions. Louis-Philippe n'était plus roi aux yeux de la *Gazette*. La *Gazette* l'avait détrôné de son autorité privée. Elle supprimait pour lui et pour la reine Marie-Amélie les titres qu'elle leur avait accordés dans un premier mouvement que l'on peut aussi bien attribuer à l'enthousiasme qu'à la peur. Depuis ce jour, jamais ils n'ont été pour elle que Louis-Philippe, que Marie-Amélie. Pourtant une si subite conversion n'a pas encore porté les fruits que la direction de la *Gazette* en attendait.

Les électeurs de Redon furent consultés, et M. de Genoude obtint une unanimité de répulsion véritablement honorable pour les royalistes de cet arrondissement. Son nom ne fut prononcé que par les feuilles libérales qui eurent vent de cet échec électoral.

Le parti royaliste garda le silence. La *Gazette* lui sut gré de cet oubli. Afin de lui en témoigner sa reconnaissance, elle travailla activement à la création des journaux de province, dont elle espérait faire autant de séides pour ses doctrines encore assez mal arrêtées.

VI

uelle fut belle dans les premiers jours qui suivirent [illegible] travail ! comme elle déborda de joie, de monarchisme et de révolution, lorsqu'à chaque instant et presque dans chaque bourgade il naissait sous sa couvée, quelque petit journal bien imprégné de ses haines locales, tout prêt à faire feu au signal du patron qu'ils reconnaissaient et devant lequel ils battaient leurs poitrines comme devant Dieu !

Chaque feuille qui sortait de dessous terre pour y rentrer bientôt était un champion qu'elle armait de pied en cap, un satellite qui allait graviter autour de l'astre, un vassal auquel elle imposerait sa foi, ses répugnances ou ses tendresses.

C'étaient autant d'échos qui, sur tous les points à la fois, devaient entonner l'hosanna de la *Gazette* et chanter sa gloire aux quatre coins de la France. Cet échange de flatteries, dont M. de Genoude et M. de Lourdoueix se réservaient la meilleure part, dura longtemps; la *Gazette* sut dépêcher au Nord comme au Midi, et imposer comme rédacteurs en chef dans toutes les localités qu'elle affiligeait d'une contrefaçon de sa feuille, tous les pauvres écrivains qu'elle tenait à la queue de sa direction ou à la lesse de sa charité. Ils partirent avec le mot d'ordre; mais ceux qui, éclos au journalisme dans le fond des provinces, ne l'avaient pas encore pris, vinrent le chercher. Jugez de leur étonnement quand ils pénétrèrent dans le sanhédrin de la *Gazette!*

M. de Genoude était là, trônant au-dessus de M. de Lourdoueix, qui trônait, lui aussi, tout en faisant la courte-échelle au maître. Il était là, s'enivrant dans son humilité, recevant, grand-lama proposé à toutes les admirations, l'encens que l'on doit toujours brûler autour de son génie. Mais le dieu avait fait place à l'homme, et caché dans son habit de garde national à cheval, dont la peur l'avait affublé comme d'une indispensable et éternelle robe de chambre, il souriait aux uns, faisait un geste amical aux autres, et à tous communiquait une ardeur de légitimité dont il savait bien, pour son compte personnel, ne prendre que la plus faible et la moins compromettante des parts.

Dans ce temps-là, c'était l'institution de la garde nationale que les écrivains monarchiques de province attaquaient avec le plus de violence.

La mascarade civique de M. de Genoude, son inoffensive moustache, ses allures de Tamerlan en retraite inspirèrent à plus d'un des réflexions pleines d'une moqueuse aigreur. Ils rirent d'abord *in petto* du singulier accoutrement dans lequel la *Gazette* s'enveloppait ; bientôt, quand ils s'aperçurent que ce déguisement en soldat-citoyen était, pour M. de Genoude, un rôle sous lequel il abritait ses terreurs, qu'il le portait le jour, qu'il ne le quittait pas la nuit, que le bonnet de police était sa coiffure de toutes les heures, que l'habit de garde national était son vêtement de prédilection, sa redingote du matin, son frac habillé du soir, comme à l'heure qu'il est il joue au prêtre et s'entoure de chapes et d'étoles, ils se permirent de censurer et de trouver mauvaise une obéissance qu'on était bien loin de leur imposer. Ils furent plus loin.

Il s'en rencontra qui eurent l'audace de demander les motifs d'une inconséquence qu'ils ne pouvaient s'expliquer. M. de Lourdoueix fut la parole dont se servit M. de Genoude pour faire comprendre à ces petites gens que ce dernier avait une mission, d'immenses devoirs à remplir, et qu'il ne leur appartenait pas plus qu'à lui de sonder les raisons qui dirigeaient le maître.

Il y en eut qui baissèrent la tête, mais il s'en trouva aussi qui la relevèrent sous ces dédaigneuses paroles. Plus tard, la *Gazette* en porta la peine; plus tard elle cria à l'ingratitude.

Ce fut dans ces circonstances que le hasard lui fit concevoir l'idée des anciens états-généraux de la nation, et qu'elle commença à tout contempler à travers le prisme qu'elle se jetait sur les yeux. Elle en fit d'abord une plaisanterie, une espèce de jeu d'esprit qui devait amuser son oisiveté, mais quand elle vit que les royalistes, assez éclairés pour n'y rien comprendre, trouvaient excellent ce moyen d'opposition, et témoignaient leur satisfaction par des abonnements nouveaux,—la preuve la plus touchante à l'oreille de M. de Genoude,—il y eut un véritable déluge de cahiers des charges, un débordement de votes universels qui inonda toutes les colonnes de la *Gazette*.

Le pouvoir sentit que son auxiliaire bénévole faisait fausse route. Afin de le remettre dans la bonne, il intenta quelques procès de presse à ses théories insensées, et M. de Genoude s'improvisa, pour la circonstance, lecteur officieux de plaidoyers. M. de Genoude fut condamné sur sa parole; cela devenait infaillible, si les jurés étaient hommes à lui faire expier une partie du supplice qu'il leur faisait endurer, et il parla si souvent, toujours avec la même monotonie de lecture, que bientôt il ne lui resta plus d'autres ressources que de se plaindre dans la *Gazette*, que de se flageller comme martyr de la presse, à la façon de saint Stylite sur sa colonne. Le 14 février 1832, la *Gazette*, qui avait si souvent déclaré qu'il n'y aurait jamais pacte, alliance ou coalition entre elle et le parti républicain, imprimait ces quatre paragraphes, premier démenti solennel donné à toutes ses utopies d'ordre public. Les voici :

« Un grand nombre de personnes se sont déjà fait inscrire pour concourir à la publication des discours de M. de Genoude, publication dont les produits sont destinés à couvrir les frais de la triple procédure du 7 février.

L'article publié hier par la *Révolution de* 1830 montre tout ce que cette idée aura de fécond.

La vérité est que les opinions ne doivent point diviser les personnes qui s'accordent sur un principe.

La réforme parlementaire et le vote universel sont un principe qui peut servir de point de réunion à tous ceux qui le professent avec une égale sincérité. »

Comme si de pareils gages donnés tout à la fois à l'irritable amour-propre de son directeur et aux haines révolutionnaires n'étaient pas à ses yeux des avances assez significatives en faveur de l'anarchie, la voilà qui, après avoir, dans chaque numéro, exalté M. de Genoude, l'homme de tous les sacrifices, de tous les dévouements, de toutes les transactions, s'évertue à faire pénétrer dans les convictions ses impossibles démonstrations de réforme, et qui met le parti royaliste à sa suite comme un comparse obligé, comme l'esclave, marchant devant le char du triomphateur.

Le parti royaliste n'accepta pas le rôle que lui imposait la *Gazette*. Il ne voulut pas surtout se prêter aux déclamations contre la Charte de 1814, qu'il avait reçue des mains de Louis XVIII, et que la *Gazette*, après l'avoir si longtemps prônée comme le palladium de nos droits, comme la garantie de l'avenir, appelait *doctrinaire et russe*. C'était toute une accusation contre la restauration.

Le parti légitimiste refusa d'accepter la complicité gratuite qu'on lui offrait, et le 30 avril 1832, le *Courrier de l'Europe*, plus tard le *Rénovateur*, dirigé par M. Berryer et rédigé par M. Laurentie et par tout le personnel à peu près de la *Quotidienne* d'aujourd'hui, releva avec une juste indignation le gant de défi que la *Gazette* lui jetait. La *Quotidienne*, que dirigeait alors M. de Briant, et que rédigeait M. Alfred Nettement, entra à son tour dans la lice. Selon son habitude, le journal-prêtre succomba dans cette lutte presque impie, il succomba sous ces foudroyantes paroles de la *Quotidienne* :

« La déplorable assertion de la *Gazette* a été généralement regardée parmi nous comme une erreur inconcevable, sur laquelle nous voudrions appeler un généreux oubli ; mais, bien loin d'en accepter la responsabilité, nous la repoussons unanimement, au contraire, avec toute l'énergie de l'honneur français et de la fidélité royaliste. »

Mise au ban des légitimistes, la *Gazette* ne se tint pas

pour battue. Elle releva la tête avec plus d'audace que jamais, pardonnant en chrétienne, mais se gardant bien d'oublier l'affront qu'elle avait reçu. La charte de 1814 fut *doctrinaire et russe*, parce qu'il lui convenait de déshonorer la restauration, de l'attacher au pilori de l'histoire, afin de se procurer le facile plaisir d'en créer une autre à sa taille et à ses idées.

Elle fut son ennemie intime, parce que, sans doute, dans un de ses articles, Louis XVIII avait oublié de spécifier que M. de Genoude, noble par sa grâce et riche de ses faveurs mal placées, n'était pas de droit le Richelieu ou le Mazarin futur promis à la France. Elle fut condamnée en avril 1832, cette pauvre charte que juillet avait déchirée, comme le 20 mai de la même année M. le prince de Polignac et son ministère étaient encore condamnés, lors même qu'ils gémissaient dans les cachots de Ham. Et qu'on ne nous accuse pas d'incriminer sans preuves; les voici sous les yeux du lecteur :

« Les ordonnances de juillet furent des actes renouvelés des doctrinaires et contraires à l'esprit des royalistes, qui appelaient d'autres hommes à remédier aux maux de la France, et qui voulaient qu'on sortît de l'abime en élargissant les libertés au lieu de les restreindre. »

Tandis que ces discussions intestines ont lieu, de graves événements se préparent dans le midi et dans la Vendée. La duchesse de Berri va débarquer à la Ciotat, et la *Gazette* qui, le 15 août 1830, prophétisait qu'aucune agression monarchique intérieure ou extérieure ne viendrait contrarier le nouveau gouvernement — nous citons textuellement, — s'écriait encore, le 5 mai 1832 :

« Aucun événement, depuis vingt mois, n'a trompé notre attente et démenti nos prévisions. »

La *Gazette* apprenait quelle confiance elle devait ajouter à ses prédictions. Madame était sur le territoire français, apportant la guerre civile au lieu de la guerre étrangère dont elle pensait que la révolution de juillet était menacée. MM. de Genoude et de Lourdoueix prirent admirablement leur parti ; ils ajournèrent leurs prophéties à une époque plus heureuse; au lieu de se prononcer pour ou contre le mouvement légitimiste, ils se rejetèrent sur les principes saint-simoniens du *Globe* des Enfantin et des Michel Chevalier, dont ils firent curée.

Quand les questions se traduisaient en coups de fusil, quand l'émeute rugissait dans les rues de Paris, la *Gazette* s'était bien trouvée de cette tactique. Elle trafiquait de son christianisme industriel, de sa religiosité de commande, lorsque la garde nationale était aux prises avec les insurrections sans cesse renaissantes. Elle essaya encore de ce moyen qui allait si bien à sa politique, quand la duchesse de Berri fit, au nom de son fils, un appel à tous les légitimistes ; puis, en guise de trêve aux inépuisables feuilletons de M. Couvret de Beauregard, sur l'éternelle Bible de M. de Genoude, la *Gazette* ne s'occupa que de ses procès, que de ses plaidoyers, que de M. de Genoude, dont, Chicanneau moderne, il fallait célébrer jusqu'à la négative éloquence.

Après le saint-simonisme et la Bible, il n'y avait plus d'intérêt possible en France, plus de grands principes à défendre, plus de luttes à soutenir, plus de salut à espérer. On le croirait encore en parcourant ces numéros de la *Gazette*, si voisins d'une catastrophe et si ternes pourtant, qu'on les prendrait pour des muets du sérail.

L'honneur, le nom, la liberté, la vie de la duchesse de Berri étaient en cause. Les royalistes s'y présentaient avec elle. La *Gazette* ne s'était pas activement mêlée aux événements qui allaient se dérouler; elle les laissa grandir ou se rapetisser au gré des circonstances, et le 7 mai 1832 elle prenait ses précautions. Soit dédain, soit prescience, le parti légitimiste n'avait appelé M. de Genoude à ses comités qu'avec une discrétion, ne présageant rien de bon pour le crédit de la *Gazette*. M. de Genoude n'était pas l'homme de la chose, le levier qui devait provoquer le soulèvement. D'autres, plus heureux ou plus habiles, s'étaient mis à la tête de cette révolution qui s'opérait dans le Midi et dans l'Ouest. M. de Genoude, relégué sur le second plan, ne crut pas devoir s'accommoder d'un pareil rôle. On le repoussait comme arcboutant du complot. Aux risques et périls de la cause il se fit l'ennemi intime de ce complot, et, le 7 mai 1832, il disait dans sa *Gazette*, et il disait, malgré son entourage qui, dans cette opiniâtreté d'amour-propre, ne voyait qu'une occasion immédiate de désabonnement :

« La *Gazette* n'est pas coupable des folies et des violences. »

Quelques mois plus tard, M. de Genoude, au repentir, s'écriait dans l'amertume de son âme :

« Trois malheureuses paroles me coûtent quatre mille « abonnés. C'est trop cher. »

Mais au mois de juin 1832, l'irritable vanité de la *Gazette* n'avait pas encore reçu la leçon, et sur les débris d'une insurrection qu'elle avait plus contribué à étouffer que les armes du gouvernement, elle pouvait triompher et dire le 4 juin :

« L'opinion des chartes octroyées et des coups d'état ne se relèvera pas de l'entreprise qu'elle vient de tenter. »

Sa cause, on le voit, était devenue la cause du gouvernement. La *Gazette* se faisait son auxiliaire, son prophète, et lorsque M. de Genoude se fut bien assuré que le Midi et la Vendée ne pouvaient triompher par les armes, il saisit sa plume et vint donner au lion enchaîné le coup de pied de la fable.

Ce fut le 4 juin, le jour même où les départements de l'Ouest se soulevaient, le jour même où ils étaient mis en état de siége, que la duchesse de Berri et la Vendée le reçurent.

« Nous avions prédit il y a un an, écrit la *Gazette*, dès qu'on annonça le départ de madame la duchesse de Berry d'Angleterre, tout le résultat d'une pareille tentative. On n'a pas voulu nous croire; on a vu. Des conseils funestes ont fait tout le mal, et cependant les avertissements n'ont pas manqué à ces conseillers de malheur. Ce n'est ni par les étrangers, ni par la guerre civile que nous voulons, nous, arriver au triomphe de nos principes, c'est par une assemblée nommée par tous les contribuables. Ainsi, la droite, les centres et la gauche s'accorderont ensemble, et la liberté, l'ordre et la grandeur du pays seront le produit de cette transaction nationale. Au reste, tout marche pour amener ce résultat. Le milieu est fini. »

Il y a dix ans que cela a été écrit, écrit de sang-froid, avec réflexion, avec maturité, et le milieu vit encore !

Mais celle à qui Châteaubriand adressait ces paroles : « Madame, votre fils est mon roi ! » et la Vendée sont mortes politiquement parlant. La *Gazette* n'a pas peu contribué à cette mort.

Lorsqu'elle tint sous son pied ces deux cadavres, elle ne plaignit point leur crédulité, elle n'admira pas même leur courage ; mais le 7 juin 1832, le lendemain des barricades du cloître Saint-Méry, elle afficha ses pleurs et son deuil pour les combattants républicains de cette lamentable journée. Elle se fit leur avocat.

Ils perdirent leur cause, c'était l'inévitable conséquence d'un tel service, et, le 9, comme pour donner au pouvoir une garantie de plus de ses affections gouvernementales, elle publiait :

« Nous avons dit plusieurs fois que nous étions plus les amis du gouvernement que ceux qui se font ses ardents apologistes. Nous allons lui prouver cette vérité. »

Le gouvernement avait-il donc besoin de cette nouvelle preuve? et ne savait-il pas que la *Gazette* était à lui, corps et âme, à l'instant même que grondaient les canons et que la peur lui inspirait un salutaire retour sur elle-même?

Les légitimistes cependant ne se prirent pas au piége qu'elle leur avait tendu.

Dans le Midi comme dans l'Ouest, à Nantes comme à Marseille, un haro général d'indignation s'éleva contre la *Gazette*. On l'accusa publiquement de couardise. Sa perfide lâcheté fut flétrie au frontispice de tous les journaux de province. On la traîna sur la claie monarchique, et, disons-le hautement, les royalistes étaient dans leur droit. La *Gazette* laissa passer le nouvel orage qu'elle avait amassé sur sa tête; elle se défendit avec de coupables réticences, caressant ses accusateurs, ou cherchant, par de mensongères protestations, à égarer encore leur générosité mal avisée.

Elle ne fut pas aussi heureuse cette fois-ci que les autres, et le chiffre de ses abonnés, qui diminua tout à coup d'une subite et inquiétante façon, vint lui révéler que ses explications étaient aussi parfaitement jugées que sa politique.

Le désabonnement est la leçon de cette royauté qui

s'appelle le journalisme, comme le silence est la leçon des rois.

M. de Genoude sentit qu'il fallait donner une fiche de consolation à ce qui lui restait de lecteurs. Il se mit en scène et parada pour le serment. Les portes du palais Bourbon ne s'ouvraient pas devant ses parlementaires convoitises. Il essaya, en désespoir de cause, de frapper à celle du conseil municipal de la commune du Plessis, dont ses spéculations monarchico-démocratiques l'ont improvisé le seigneur suzerain. Il fut élu par les paysans qu'il tient à ses gages, élu après mille intrigues, puis, comme un nouveau Sylla qui va abdiquer la dictature du monde, le conseiller municipal se drape dans sa *Gazette*, dont il se fait une toge consulaire, et il crie à l'Europe que sa conscience répugne au serment exigé. Il proteste au Plessis, il proteste à Paris, il proteste partout, essayant, à force de bruit et d'éclat, de donner quelque importance à un refus dont naguère, à propos de l'élection de Redon, nous l'avons vu faire si bon marché. L'Europe passa outre, M. de Genoude en fut quitte pour sa courte honte et pour une ovation de plus que M. de Lourdoueix lui décerna dans l'intimité de son cénacle.

La *Gazette* était blessée au cœur, prise à l'endroit sensible, par l'argent.

Le fabuleux désabonnement au *Constitutionnel*, dont le *Charivari* a fait tant de spirituelles brioches, se réalisait pour elle. M. de Genoude sentit qu'il fallait frapper un grand coup, se couvrir, après le péché, d'un éclatant pardon.

On le sollicite à Ham de la bonté du prince de Polignac : on l'implore dans l'exil de la charité du vieux roi, que les insultes de la *Gazette* avaient glorifié.

M. de Polignac répond à l'intercesseur par une lettre de six pages, véritable réquisitoire dont nulle parole humaine ne saurait atténuer la foudroyante éloquence. Le prisonnier de juillet raconte tout ce qu'il a fait pour cet homme-là, dont le nom même n'est pas une seule fois prononcé. Il peint, il prouve, il fait toucher au doigt sa voracité ; il le prend au berceau, naissant à la politique, il le conduit jusqu'au jour de l'abandon, jusqu'à cette heure du 28 juillet 1830 où M. de Genoude suivait l'exemple de la fortune. Après avoir esquissé cette vie d'écrivain, qui a tout rapporté à son individualité, M. de Polignac termine en l'abandonnant à ses remords.

Charles X se montra moins ulcéré que son ministre; il pardonna comme chrétien.

Tant d'avertissements et de déboires venus de tous les côtés à la fois, ainsi que les fléaux dont parlent les Saintes Ecritures, devaient forcer à la réflexion l'irritable et incorrigible vanité de la *Gazette*. Il n'en fut rien.

Ainsi que par le passé, elle marcha dans la voie dangereuse où elle s'était engagée, et, reniée par le *Courrier de l'Europe*, reniée par la *Quotidienne*, reniée par l'immense majorité des feuilles de province qu'elle avait créées dans un tout autre but, elle ne daigna accepter ni les conseils ni les leçons qui lui arrivaient des quatre points cardinaux. Elle se replia sur elle-même, et, se trouvant toujours de plus en plus digne des hommages de l'Europe, elle s'incarna dans son orgueil. A défaut d'Indous qui, en masse, brisaient le fétiche et fuyaient le temple, elle s'adora elle-même.

La duchesse de Berri est arrêtée à Nantes. Dix jours après, le 17 novembre 1832, la *Gazette*, dont la perspicacité doit sans cesse être en défaut, grimpe encore une fois sur son piédestal vermoulu, et prophète qui, à l'inverse de Jérémie, a toujours des sourires ou des applaudissements pour les événements, même les plus désastreux à sa cause, elle s'écrie :

« Voici ce que le parti légitimiste, le seul parti que la révolution ait éclairé et n'ait pas laissé stationnaire, offre à la France :

Le plus grand caractère,	Marie-Caroline de France.
Le plus grand écrivain,	M. de Châteaubriand.
Le plus grand poëte,	M. de Lamartine.
Le plus grand orateur,	M. Berryer.
Le plus grand administrateur,	M. de Villèle.
Le plus grand représentant,	Tout le monde. »

Certes, voilà de beaux noms à la suite les uns des autres; mais MM. de la *Gazette*, qui les proclament comme les plus grands, nous diraient-ils bien aujourd'hui où ils en sont avec toutes ces sommités?

Marie-Caroline de France a pitié d'eux, et, dans ses

saillies napolitaines, elle couvre de sarcasmes une outrecuidance qui l'a tant compromise.

M. de Châteaubriand, qui, comme en 1829, au dire de la *Gazette*, ne fait peut-être plus de galimatias, M. de Châteaubriand les regarde du haut de sa gloire et ne daigne même pas se montrer blessé de leurs éloges ou fier de leurs censures.

M. de Lamartine a déserté le drapeau sous lequel ils tentaient de l'enrôler.

M. Berryer, l'admirable orateur, dit, à qui veut l'entendre, qu'il ne lui convient pas de se laisser mettre en fourrière sous le bonnet carré de l'abbé Genoude.

M. de Villèle, dans ses terres du Languedoc, siffle, à son temps perdu, les folies politiques de ces prétendus sages qui, malgré lui, se cachent sous son vieux portefeuille de président du conseil.

Tout le monde en fait autant. Tout le monde, dites-moi, n'est-il pas dans son droit? Tout le monde n'y sera-t-il pas encore davantage, lorsque nous aurons cité les paroles qui suivent cette énumération des gloires légitimistes, à l'heure qu'il est toutes en guerre avec les principes de la *Gazette*?

« Enfin (et ceci est le *nec plus ultrà* de l'orgueil, les colonnes d'Hercule du plus incompréhensible des vertiges), enfin, dit-elle, comme pour couronner dignement cette nomenclature de grands noms, le système politique le plus national, le plus large, le plus français qui ait jamais été conçu, le seul qui explique à la gloire nationale l'histoire de la patrie, système infaillible d'ordre, d'union, de liberté, d'égalité politique, de grandeur et dc prospérité, système adopté par l'immense majorité des royalistes et développé chaque jour par la *Gazette de France.*

Respirons un moment et, avant de les suivre sur la montagne où va les emporter leur vanité, arrêtons-nous ici; et avec M. Janvier, ce député longtemps prôné par eux, mais qui, malgré cela, a toujours autant d'éloquence au barreau que d'esprit dans le monde, et qui, un jour, entendait MM. de Genoude et de Lourdoueix s'abîmer dans la contemplation de leur habileté, s'adorer dans la naïveté de leur orgueil, répétons à ces messieurs de la *Gazette* : « Vous faites un monologue à deux et rien « de plus. »

VII

Nous voici parvenus à l'époque où la *Gazette de France* ne conçoit plus de craintes, ne nourrit plus de peur, et où, par toutes les issues, elle laisse échapper le secret de sa politique et de ses bravades. Le gouvernement de juillet, le milieu dont elle nous a déjà tant de fois prédit la fin, les hommes et les choses qu'elle veut saper par la souveraineté du peuple, mine dont elle a usé les forces avant de la faire jouer, tout cela est debout, vivante accusation de la fausseté de ses prophéties; et, le 9 janvier 1833, comme pour leur donner une vie nouvelle, voilà que la *Gazette*, toujours mal inspirée, toujours poussant à l'excès ses terreurs monarchiques ou ses espérances révolutionnaires, publie son prospectus d'association pour l'émancipation politique et la réforme parlementaire..

C'était, elle le disait du moins, un véritable coup de partie, la terre promise de l'égalité, l'Eldorado de la liberté. Appuyé sur cette association, où l'on faisait, par une charitable supposition, figurer le nom des notabilités légitimistes, M. de Genoude devait réaliser tous les songes dont il se berce dans les secrets de son cœur. Ce prospectus, véritable chef-d'œuvre de quelque Fontanarose politique, est une des pièces les plus curieuses à relire, après les événements qui se sont succédé, événements que la *Gazette* a tous enregistrés les uns après les autres, comme un sanglant démenti donné à ses calculs toujours infaillibles.

On sent bien que nous ne pouvons citer toutes ces élucubrations plus ou moins démocratiques; mais il en est une que nous ne passerons point sous silence. Dans la bouche des ex-censeurs elle a quelque chose de si curieusement bouffon, que ce serait léser la postérité que de lui ravir une phrase sur laquelle le ridicule a tant de droits :

« Il n'est au monde, dit la *Gazette*, qu'un censeur pour la presse, c'est le vœu national; — *et M. de Lourdoueix, et M. de Beauregard donc?* — qu'un procureur du roi, c'est l'esprit public; qu'un juge, c'est l'opinion générale. »

Ce n'est pas tout; le 13 janv. 1833, elle sent le besoin de

défendre les royalistes attaqués, et comme elle s'est jetée dans des voies impraticables, comme elle accuse et calomnie le passé pour s'arranger un avenir à la hauteur de sa reconnaissance, de ses devoirs et de ses illusions démocratiques, croiriez-vous bien possible ce qu'elle va publier, si je ne le citais pas en toutes lettres?

« Un journal demande encore aujourd'hui où étaient les royalistes au 29 juillet? Une restauration faite par les doctrinaires devait finir par les révolutionnaires, et ne pouvait être défendue par les royalistes. »

Soldats de la garde, vieux officiers qui avez brisé vos épées, généreux combattants dont le peuple a admiré le courage, hommes d'état, orateurs qui, dans les conseils ou dans les parlements, avez servi cette restauration qui ne fut ni sans gloire ni sans patriotisme, n'admirez-vous pas cette flétrissante condamnation que la *Gazette* vient de prononcer contre vous?

Vous étiez royalistes, vous croyez sans doute l'être encore; eh bien! pas du tout. M. Genoude, le volontaire royal de 1815, qui prenait un fusil pour défendre avec vous la restauration faite par les doctrinaires, — car, remarquez bien, c'est sur les doctrinaires qu'en 1833 la *Gazette* s'acharne, comme aujourd'hui c'est au Comité-Villèle qu'elle s'adresse, — M. Genoude n'a pas suivi votre exemple; il est plus Français, plus national que cela.

Après s'être enrichi pendant ces quinze années de restauration, que si souvent il a comparées aux sept années d'abondance de l'Égypte, après avoir puisé à pleines mains dans les trésors de la bienfaisance-royale et de la munificence ministérielle, le voilà qui vous frappe d'interdit, qui vous jette aux gémonies de la révolution, qui vous dit que vous ne pouviez défendre la restauration, parce qu'elle devait finir par les révolutionnaires.

Ce n'est point par eux qu'elle a fini, messieurs de la *Gazette*, c'est par vous et par ceux qui vous ressemblent.

Les révolutionnaires n'ont fait que profiter de vos fautes, que mettre à nu vos cupidités, que démasquer vos hypocrisies, que signaler vos haines de dévots, vos caprices d'intrigants, vos servilités de censeurs; puis, un jour, la restauration, dont vous aviez écarté ou flétri les plus fidèles serviteurs, la restauration s'est trouvée en face de la révolution dont de coupables intrigues doublaient les forces, et elle est tombée plutôt sous vos coups que sous les siens.

Mais, en 1833 comme en 1842, il faut couvrir certaines lâchetés d'un vernis de monarchisme indigène, expliquer pourquoi l'on courait se cacher au Plessis au lieu de saisir dans les rues de Paris le fusil de volontaire royal dont naguère on cherchait à effrayer la révolution.

Ces quelques mots ne sont donc pas une injure gratuite jetée à la restauration exilée, c'est un système ourdi dans l'intérêt d'un sordide égoïsme, un système que tous les partis honnêtes stigmatiseront; car lorsqu'on a mangé le pain d'un gouvernement, il est lâche de le déshonorer par d'absurdes calomnies; et les royalistes, j'imagine, n'avaient pas donné mission à la *Gazette* de les défendre d'une si étrange manière.

Mais si elle est un mauvais avocat pour son parti, croyez-vous qu'elle en soit un meilleur pour elle-même? pas du tout.

Nous sommes au 4 février, à ces jours de lutte et de sang où Carrel se battait contre M. Anatôle de Laborie, et où le duel politique menaçait de faire son tour de France. Les motifs de ces malheureuses rencontres et de ces défis, qui des provinces arrivaient à Paris, et qui de Paris refluaient dans les provinces, ne sont pas oubliés. La duchesse de Berri, prisonnière à Blaye, en était la cause involontaire. La *Gazette* fut sage dans ces circonstances, mais ce fut à la peur, à la peur seulement qu'elle dut cette sagesse que partage à un si haut degré M. Dupin, le procureur de la cour de cassation.

On l'entendit blâmer ces duels qui ne prouvaient rien pour la question telle qu'elle était posée, telle surtout que, le 10 mai 1833, elle devait se résoudre par le ministère de M. Deneux l'accoucheur.

Mais comme partout et toujours il faut que la *Gazette* fournisse des armes contre sa direction, voyez-la, pendant ces jours de chevaleresque folie, tomber aux genoux des républicains, leur faire toutes les avances, et, sous le coup de ses chaleureuses tirades contre la souveraineté populaire d'août et de septembre 1830, s'écrier :

« Les républicains défendent le principe de liberté que nous défendons. Entre eux et nous, il n'y a plus qu'une seule question à résoudre. »

Elle se mettait ainsi hors de cause d'un côté, mais elle y rentrait par un autre. La haine du gouvernement actuel la réunissait aux républicains et par couardise elle fraternisait. Mais que cette fraternité dut coûter à ses penchants et à sa vanité! Combien n'eut-elle pas à frémir d'avoir vu mettre sa main tremblante dans la main dure et revêche de la démocratie!

La fameuse déclaration du 22 février, signée Marie-Caroline, est officiellement connue. La duchesse de Berri a révélé son mariage secret. M. de Genoude saisit l'occasion aux cheveux. Il a bien des torts à se faire pardonner, bien des abonnés à reconquérir. Plus de deux mille ont fui la *Gazette*, quand la *Gazette* n'avait qu'une pitié sacrilége à offrir à la mère du duc de Bordeaux, se faisant un sceptre dans la Vendée de quelques genêts sanglants ; la *Gazette* donc, le 2 mars 1833, prend en main une cause qu'elle a tant contribué à faire perdre et elle dit :

« Nous regardons comme des actes faits dans l'intérêt de la France les efforts héroïques de Madame pour protester en faveur de la loi française de l'hérédité; — *Pourquoi donc avoir attaqué Madame quand elle voulait protester, pourquoi, le 13 mai 1832, l'avoir appelée une illustre aventurière?* — loi que nous croyons utile à la France. Nous lui tenons compte aussi d'avoir compris et partagé le sentiment français qui, sur une question intérieure, repoussait toute intervention de l'étranger, et de s'être déclarée en faveur de la liberté des communes et des provinces. Nous savons gré de toutes ces choses à madame la duchesse de Berry, parce qu'elles sont, à notre avis, dans l'intérêt national, et comme nos opinions sont monarchiques, la reconnaissance est une de nos lois, au lieu de l'ostracisme républicain. »

M. de Genoude parle de la reconnaissance qui est une de ses lois. Qu'il en parle à son aise puisqu'il le croit utile à ses intérêts, et ne rappelons même pas, ainsi qu'un désolant commentaire jeté au bas de ce passage, les paroles de Charles X et de Mathieu de Montmorency, qui ont pardonné, comme sans doute la duchesse a pardonné elle aussi; mais si nous oublions les erreurs, une fois qu'elles ont été enregistrées, faut-il en faire autant de ces calculs marchands, qui spéculent sur la douleur et vendent au plus haut prix possible le deuil ou le mensonge?

La *Gazette* avait besoin de rentrer dans les bonnes grâces du parti légitimiste que ses perfides déclamations avaient si justement irrité, besoin surtout de faire excuser les injures que, par procureur fondé, elle adressait dans ses colères du 13 mai 1832 au *sang dégénéré et appauvri des Bourbons*. Nous citons textuellement. Elle avait peu fait pour lui et beaucoup en faveur du gouvernement de juillet. Elle sentit qu'il fallait frapper un grand coup pour ramener les dissidents au giron qu'ils avaient déserté. Elle jugea qu'il serait bon de signaler son retour dans les voies monarchiques par une éclatante démonstration.

Le 23 mars 1833, elle prend le deuil : elle annonce que la duchesse prisonnière est dans un état de santé tellement affreux que la *Gazette*, si compatissante, ne trouve que ce moyen d'exprimer son désespoir. Ses colonnes sont entourées de bandes noires, comme jadis elle en commandait pour les lugubres anniversaires des 21 janvier et 13 février. Ce deuil qu'elle s'impose, elle le continue ainsi pendant cinquante jours.

Pendant cinquante numéros elle se donne la fièvre pour agoniser avec la duchesse de Berri; elle passe avec elle d'une souffrance à une autre souffrance.

Mauvaise plagiaire de Bossuet, on l'entend répéter à chaque page, « Madame se meurt, Madame est morte ; » on la voit se tromper elle-même afin de tromper plus sûrement les royalistes et de les ramener dans ses eaux, qu'ils regardaient comme souillées.

Lorsqu'elle a soutenu jusqu'au bout cet incompréhensible rôle qui arracha tant de sourires de pitié aux véritables amis de la princesse, elle l'abandonna avec son deuil dans les coulisses de la rue du Doyenné, où il se façonne de si bons tours de gibecière toujours au service des partis crédules; mais durant ses tristesses officielles il lui était venu une plus amère douleur, elle avait reçu une injure plus poignante; c'était à ses nouveaux alliés qu'elle la devait.

Voici le fait :

Vous vous rappelez la *Tribune*, ce journal de feu et de sang, qui frappait avec une égale ardeur sur le passé et sur le présent, la *Tribune* qui, pour tout avenir, n'avait à nous offrir que la république avec un sans-culotisme en gants jaunes ou la liberté expliquée par les plus fervents admirateurs de Danton et de Robespierre. La *Tribune* avait le verbe haut ; elle parlait de tout et de tous sans réticences, sans périphrases. Elle subit des procès : ces procès amenèrent d'énormes condamnations. Le 20 avril, la *Gazette* qui avait une passion malheureuse pour ce journal dont elle redoutait les vengeances, s'associait aux frères et amis qui ouvraient une souscription afin de payer les quelque vingt mille francs d'amende dont il était frappé. La *Gazette* n'avait rien voulu donner, surtout ne voulait pas qu'on crût qu'elle pouvait donner à la Vendée, épuisée par le régime des garnisaires, ou à ses journaux confisqués par le pouvoir, haletant sous le poids des condamnations ; mais à peine apprend-elle que la feuille républicaine est aux abois, qu'elle s'inscrit de gaieté de cœur pour la somme de 1,000 fr. et qu'elle supplie la *Tribune* de les accepter.

La *Tribune* rougit de cette intervention pécuniaire de la *Gazette*, de cette aumône jetée par un ennemi au Bélisaire de la presse.

Après huit grands jours de réflexion elle refuse le don de joyeuse fraternité. La *Gazette* se scandalise d'un refus qui lui indiquait que la république ne la considérait ni comme une nouvelle alliée ni comme une amie; puis, passant encore à pieds joints sur ce récent déboire, elle continua à se révolutionner et à s'admirer dans ses œuvres. Le 1er juin, elle disait dans son style de thaumaturge :

« Le spectacle auquel nous assistons depuis trois ans est le plus beau spectacle qu'il ait été donné à des hommes de contempler. — *Voyez-vous ce magnifique spectacle! la guerre civile, les menaces de l'étranger, les procès*, etc.; — c'est la résurrection de la première des sociétés par la seule force des principes qui l'ont fondée à son origine.

« Les sociétés chrétiennes sont les seules qui soient susceptibles de renaître sans des secours étrangers, parce que seules elles ont en elles-mêmes des principes d'une vie éternelle.

« La presse, le théâtre, le jury, les associations, l'opinion publique se refont en dehors de tous les pouvoirs constitués, et la révolution, réduite à son monopole électoral, à sa pairie décimée, à sa royauté élective, s'y trouvera bientôt dans la solitude.

« La parole véritable a repris sa puissance; la parole décevante a perdu son crédit. Qu'a-t-il fallu pour cela? la lumière des événements. »

Ce n'était pas assez de cet optimisme radical auquel elle nous a depuis si tristement accoutumés. Elle se trouvait déjà engagée dans la voie funeste qu'à l'heure qu'il est il lui devient presque impossible d'abandonner; et elle s'y enfonçait avec la conscience de mal faire, mais elle s'y enfonçait par la fascination même qu'elle exerce sur elle-même. Elle admirait tout; à ses yeux tout était bien, tout était beau, tout était bon, surtout parfaitement ordonné.

Le dévergondage éhonté de la presse, les monstrueuses leçons du théâtre, où tous les crimes étaient panthéonisés; les terribles jugements du jury frappant à droite, à gauche, sans distinction, aussi souvent sur la *Gazette* que sur la *Tribune*; les sourdes menées des associations qu'elle protégeait; les débauches de l'opinion publique, tout cela, mœurs ou lois, qui s'en allait vers l'abîme, après avoir passé par la corruption, tout cela rencontrait dans la *Gazette* un apologiste à jour fixe, un panégyrique ou un censeur de circonstance trafiquant de l'optimisme comme de la passion contraire; achalandant l'un pour donner crédit à l'autre et plonger ainsi les esprits dans le doute, la plus terrible des erreurs de l'homme. La *Gazette* semble alors avoir pris à bail le vrai et le faux, l'injustice et l'équité, le vice et la vertu, la tyrannie et la liberté.

Tour à tour elle soutient tout cela avec la même phraséologie, avec les mêmes pensées, souvent avec les mêmes expressions. Elle prostitue aussi facilement l'éloge que le blâme; elle s'est incarnée dans cet incessant besoin de bruit qu'elle ne fait guère et de direction que la France lui refuse aussi bien que MM. de Polignac et de Peyronnet. Le 10 juin 1833, la voilà qui entonne les louanges de la garde nationale.

« Depuis son origine, dit-elle, la garde nationale a été en opposition avec l'anarchie et est demeurée fidèle aux principes d'ordre et de liberté. Tout ce qu'il y a eu d'excès, de quelque nature que ce soit, tout ce qui a paru en fait de licence comme d'arbitraire, s'est fait sans elle.

« Cette institution, qui pouvait sauver la France en entrant dans l'ordre politique comme elle l'avait sauvée par son attitude et par ses armes, se trouva, sous l'empire de la charte de 1814, livrée à toutes les chances et aux vicissitudes de la lutte des partis. Constante dans ses sentiments d'ordre et de liberté, elle se trouva jetée hors des voies d'une sage et utile direction, en passant tour à tour sous l'influence de l'opinion dominante. Changeant de chef à chaque mouvement de ministère et de majorité, égarée par la presse libérale, elle cessa de se connaître elle-même jusqu'au jour où, rappelée à ses nobles fonctions par une grande crise politique, elle vint de nouveau préserver le pays des horreurs de l'anarchie. »

Certes, ce ne sera pas nous qui viendrons ici donner un démenti à la *Gazette*, nous qui accuserons de partialité un panégyrique plein de justice, mais qui, pour cela même, ne devrait pas se rencontrer dans ses colonnes et s'y rencontrer si souvent, presque à époque fixe et comme une flatterie qu'en désespoir de cause on adresse aux hommes d'ordre pour les entraîner au désordre. La garde nationale a sans doute rendu tous les services dont la *Gazette* témoigne. Elle en a même rendu un autre dont il n'est jamais question dans ses colonnes; mais pourquoi M. de Genoude oublie-t-il à dessein ce dernier?

Ah! c'est qu'au fond de son âme il y a une blessure toujours saignante depuis le 29 avril 1827, jour de cette grande revue qui précéda la dissolution de l'armée de l'ordre public. Au milieu de cette revue, on entendit des vœux, on proféra des cris qui sont encore une des plus terribles accusations contre lui et son *Étoile-Gazette*. On repoussait Villèle et les jésuites, la camarilla et le parti-prêtre, dont M. de Genoude était l'un des plus frénétiques apôtres, le séide le mieux renté, mais alors ce séide de la censure et de l'arbitraire n'affichait pas ses pensées d'aujourd'hui.

Le 30 avril et jours suivants, pour lui la garde nationale n'était pas ce corps armé devenu infaillible, parce que quelques uns de ses membres ont signé la pétition sur la réforme, véritable boîte de Pandore où sont renfermés tous les biens, mais d'où ne peuvent, au dire de la *Gazette*, s'échapper ni misères ni désastres. Il n'avait pas au service de ses petites passions ces grandes phrases extatiques avec lesquelles on espère tourner les têtes citoyennes ; la *Gazette* ne les enivrait pas de ses cris assourdissants d'honneur à la garde nationale ! honneur à tous ceux qui se laissent enrôler sous la bannière de la réforme !

On la maudissait tout bas, on l'accusait tout haut d'avoir exprimé son opinion au moins aussi consciencieuse et peut-être plus libre que maintenant, et si on ne la calomniait pas, sans intermédiaire soudoyé, du moins *la dissolution de cette troupe turbulente* était-elle regardée comme un bienfait. La garde nationale avait ébranlé le ministère Villèle.

M. de Genoude ne lui pardonnait point le tort personnel qu'il allait ressentir de sa nouvelle position ; et, si vous ne rencontrez pas dans son *Étoile* quelques-unes de ces acrimonieuses sorties dont il est si prodigue à l'égard de ceux qui dédaignent ses décrets providentiels, laissez-le faire, il saura bien prendre revanche. Il n'a pas le courage d'attaquer de front la garde nationale vaincue par ordonnance, mais il sait tirer parti des journaux anglais et exprimer sa pensée sous leur couvert. Lisez plutôt.

Le *Courrier français* a rapporté avec une affectation marquée un passage du *Star* qui blâme la dissolution de la garde nationale. A cet article d'un des plus obscurs journaux anglais nous opposons un article du plus répandu de tous. »

Voici comment s'exprime le *Times* au sujet du licenciement de la garde nationale :

« Nous dirons franchement que, bien qu'en notre qualité d'Anglais, nous n'ayons aucun goût pour une police militaire, comme l'est la gendarmerie, nous admirons le courage et la promptitude avec lesquels le premier ministre de la couronne a dissous un corps par lequel son royal maître a été insulté, un corps qui, ayant occupé depuis plusieurs années les avenues du palais, devait avoir appris les avantages pratiques qui résultent du respect pour la personne du souverain.

« Les cris proférés étaient sans doute contre les ministres ; mais ils s'adressaient au roi, et c'est moins pour lui que pour son royal maître que le ministère a provoqué la dissolution de cette troupe turbulente. »

Cependant, au milieu de tant de combats contre l'ordre, dans cette confusion de tous les pouvoirs et de toutes les obéissances que l'on cherchait à établir, il était venu à la *Gazette* une de ces idées qu'elle seule pouvait concevoir. Elle publiait une grosse brochure intitulée : *De la Restauration de la Société française.*

Depuis quatre mois, elle était dans les douleurs de cet enfantement. Chaque numéro du journal-auteur contenait un bulletin du père et de l'enfant; on l'annonçait au premier-Paris, on le glissait en réclame. Il était intronisé dans les faits divers, il régnait en lettres de trois pouces à la quatrième page de la *Gazette*, à la page des annonces, la moins industrielle de ses trois sœurs. M. de Genoude s'était fait imprimeur et le métier lui avait profité. Il se faisait libraire pour essayer d'un autre.

La *Restauration de la Société française* parut le 13 août; la *Gazette* courba la tête, elle s'humilia devant ce livre qui devait renouveler la face du monde, et qui, démocrate jusqu'à la moelle, resta dans ses magasins comme une preuve de plus du radicalisme de ses opinions et de la vérité de ces paroles déjà citées de M. de Lourdoueix :

Je n'ai pas la fibre royaliste.

Personne n'en parla ; personne ne le lut. M. de Genoude voulut à son tour faire la courte échelle à la vanité de M. de Lourdoueix qui en était l'auteur, mais comme les éloges trop évidemment intéressés de la *Gazette* pouvaient paraître quelque peu entachés de partialité à l'opinion publique, on s'arrangea pour faire venir de province des éloges moins suspects. Le 6 novembre 1833, en ouvrant le journal de M. de Genoude, on rencontre un très long article dont il est assez instructif de citer l'exorde.

« Voici comment s'expriment sur cet ouvrage la *Gazette du Berry* et la *Gazette du Lyonnais* :

« Si j'avais à commenter la *Restauration de la Société française* par la *Gazette de France*, j'aurais bientôt fait : il me suffirait de dire que au bas de chaque page il convient de mettre : *pulchrè, benè, rectè!* » Cet ouvrage profond et qui sera mieux apprécié à mesure qu'on l'approfondira davantage, est un service distingué à rendre à notre nation et peut-être à d'autres. C'est un flambeau, etc. »

Quelques curieux nous demanderont sans doute comment il se fait que le même jour la *Gazette du Berry*, imprimée à Bourges, et la *Gazette du Lyonnais*, qui se publiait à Lyon, aient pu textuellement citer le même article laudatif, et le citer sans y ajouter une syllabe, sans y retrancher un iota.

Nous pourrions là-dessus implorer des lumières au sanctuaire de la rue du Doyenné; mais, comme nous sommes en mesure de nous en passer, nous donnerons sur cette ubiquité et sur cette parité de louanges certaines explications dont la *Gazette* se gardera bien de contester l'authenticité; nous avons les pièces à l'appui.

Dans les grandes occasions, quand l'amour-propre de ses directeurs est en jeu, la *Gazette* a une recette toute simple pour se préparer, aux moindres frais possibles, une ovation départementale. M. de Genoude, lorsqu'il consent à prendre la plume, M. de Lourdoueix, son suppléant ou tout autre agréé au commerce de leur superbe, composent pour la circonstance un panégyrique où rien ne manque, un panégyrique dans le genre de celui dont nous venons d'extraire un échantillon.

Quand l'œuvre a passé par le creuset de tous ces amours-propres, recevant un mot de l'un, se gonflant d'une particule admirative de l'autre, il est envoyé, tout parfumé de louanges, tout saturé d'adorations, à l'imprimerie de la *Gazette*. On le compose, puis, le lendemain, chaque journal monarchique de province en reçoit un exemplaire en épreuve, avec une touchante prière, pour l'insérer dans ses colonnes. L'éloge, parti des bureaux de la *Gazette* et concernant cette même *Gazette* ou ses hommes, est lu, désapprouvé, mais imprimé par les feuilles de chef-lieu, trop heureuses de s'assurer ainsi une reproduction dans le journal-mère. Il reprend son bien où il l'a placé; il le reprend, cette fois-ci, en en indiquant la source, comme un passeport offert à son humble candeur, et voilà comment la *Gazette du Berry* et la *Gazette du Lyonnais*, sans le vouloir, sans le savoir, ont accordé le même jour et à la même heure à la *Restauration de la Société française* un dithyrambe dont il faut moins accuser leur jugement que leur complaisance.

M. de Genoude est coutumier du fait. Nous le prendrons encore une fois en 1837, la main sous le même gobelet. Continuons.

VIII

Au milieu de ces triomphes dont, mieux que personne sans doute, elle pouvait apprécier la portée et la justice, la *Gazette* pourtant ne s'endormait pas sous les couronnes que ses mains tressaient et dont elle faisait charger son front par l'intermédiaire de ses aides de province.

Le parti légitimiste venait ouvertement de se séparer en deux camps. La presse libérale attisait le feu, soufflait la discorde et, par de prétendues nouvelles arrivées de Prague, elle cherchait à ameuter les journaux royalistes les uns contre les autres. Elle réussit admirablement, et la *Gazette* la première descend, le 15 août, dans l'arène, s'escrimant à l'encontre de Charles X, se ruant sur le dauphin, maudissant M. de Blacas, les jésuites et M. de Damas, et élevant sur le pinacle madame la dauphine dont, pour ses besoins du moment, elle avait fait la grande, l'immortelle reine Marie-Thérèse. Il s'agissait de la majorité du duc de Bordeaux, de l'éducation qu'on allait lui donner, des gouverneurs et des précepteurs dont il fallait l'entourer. La presse libérale joua habilement son rôle.

Elle calomnia un peu, bien sûre de faire ainsi venir l'eau à la bouche de la *Gazette*.

M. de Genoude se précipita, tête baissée, dans le piége. Après avoir énuméré toutes les doléances, après avoir retracé toutes les jalousies, les ambitions rivales se combattant à Prague et à Paris, il arriva, le 17 août 1833, deux jours après, à publier un article de deux colonnes dans lequel il prouvait, comme toujours prouve la *Gazette*, que « les royalistes seuls peuvent rétablir l'ordre. »

La désunion était dans son camp. Nous l'avons dit. La *Gazette* prêcha si bien l'ordre, que depuis cette homélie il a été impossible d'y ramener la paix. Et ce n'est pas sans doute aujourd'hui qu'elle tenterait de nier le désaccord.

Elle s'acharna sur ce pauvre Charles X qu'elle destituait même de son droit d'aïeul, sur le dauphin dont les idées constitutionnelles n'allaient pas à son radicalisme de commande; elle prit à partie le duc de Blacas dont la fidélité a quelque chose de chevaleresque; elle accusa tout le monde, à l'exception de la fille de Louis XVI que, du vivant de Charles X, elle sacrait reine de France et de Navarre *in partibus*, et comme si tant de querelles suscitées coup sur coup ne suffisaient pas à son activité, elle essaya de raviver cette éternelle question du serment à laquelle, tant bien que mal, elle rattachait sa réforme électorale et son suffrage universel.

Nous ne sommes plus en août 1830, à cette époque où la *Gazette* déclarait qu'il fallait museler la liberté et faire en sorte d'annihiler la souveraineté populaire. Le roi qu'elle a adopté au sortir des barricades et à la suite du 7 août, le roi que la peur lui fit saluer pendant quelques mois, a été, par elle, écarté du trône qu'il occupe toujours.

Aussi, le 26 août 1833, entendez-la professer d'autres principes et attaquer avec une égale ardeur tout ce qu'elle a proclamé naguère comme bon et utile à l'ordre.

« Les choses restant en l'état actuel et les pouvoirs actuels ne voulant abdiquer ni leur usurpation ni leur monopole, ni leur privilége, que peuvent faire les royalistes de plus populaire que de montrer qu'ils repoussent et l'usurpation, et le monopole et le privilége, et qu'ils rejettent loin d'eux la part qu'on leur a laissée dans ce partage des dépouilles du peuple? quoi de plus propre à faire tomber l'usurpation et le monopole des droits politiques que de laisser une seule classe maîtresse des colléges électoraux....

« Tout le mal qui existe en France réside dans le monopole. L'action des hommes dévoués à leurs pays doit donc se concentrer dans l'attaque de cet ennemi commun. L'attaquera-t-on avec succès en lui prêtant secours au lieu de marcher contre lui avec toutes les forces nationales? Un député du monopole ayant prêté serment au monopole sera gêné par l'espèce de mandat qu'il aura reçu et ne pourra pas servir comme il servirait dans les associations et dans les journaux. »

Il y avait alors un journal royaliste intitulé le *Rénovateur*. Le *Rénovateur* prêchait le serment et il le prêchait avec une persévérance de logique qui faisait ombrage à la *Gazette*. Le 30 août, elle formula sa pensée dans un aphorisme qui appartient à l'histoire de ses variations. Le voici :

« Tout royaliste qui ferait le serment de *fidélité au roi des Français* sans faire recevoir préalablement une explication de *non-sujétion* passerait au juste-milieu et renierait la foi monarchique. Nous défions le *Rénovateur* de nous nommer un seul royaliste qui veuille prêter serment à Louis-Philippe, après le 1er octobre 1833.

Le 1er octobre 1833, jour où M. le duc de Bordeaux atteignait sa majorité, est passé depuis longtemps, et la *Gazette* qui défiait le *Rénovateur* de lui nommer un seul royaliste qui voulût prêter serment à Louis-Philippe après ce grand jour, que dit-elle aujourd'hui de tous les électeurs légitimistes qui votent dans leurs colléges, et des quinze ou vingt députés qu'ils ont envoyés à la France? Est-ce que par hasard le noble duc de Fitz-James, est-ce que M. Berryer et tous leurs amis politiques ont renié la foi monarchique? est-ce qu'ils sont retranchés *ipso facto* de la communion de M. de Genoude? ce serait un bonheur dont, sans doute, ils seraient les premiers à se féliciter; mais dans ce cas où est donc le parti de la *Gazette*, puisque toutes les sommités royalistes le désertent, les unes après les autres, qui, pour exercer leurs droits de citoyen, qui, pour se retirer sous leurs tentes et maudire avec la *France*, journal de leur prédilection, le radicalisme exagéré de MM. de Genoude et de Lourdoueix? à qui donc s'adressent-ils maintenant, eux qui n'ont pas encore cessé de nous dire qu'ils sont les représentants uniques de l'immense majorité des royalistes? ou que faut-il croire d'une assertion que tous les faits viennent démentir?

En 1833, on ne voyait pas si clair dans la politique de la *Gazette*. Elle était murée comme M. Royer-Collard veut murer la vie privée. Elle se renfermait dans la création de ses chimères, mais alors aussi elle prêtait aux cours étrangères, dont plus tard elle se fera l'ennemie intime, une façon de voir et d'agir qu'elle seule pouvait rêver pour le compte de ses systèmes. Elle entretenait dans de certains esprits, qui ont toujours besoin d'être dupes, d'absurdes pensées et des fables plus absurdes encore. Pour n'en donner qu'un exemple, citons ses paroles du 13 septembre :

« Un journal royaliste (le *Rénovateur*) prétend que personne n'a vu dans M. le duc d'Orléans autre chose que le roi des Français.

« Nous pouvons affirmer à ce journal que beaucoup de gens croient encore en France que M. le duc d'Orléans n'a fait déposer aux chambres les deux abdications que dans l'intention de rétablir les principes d'hérédité qu'en 1804 il avait juré par son épée de défendre jusqu'à la mort.

« Nous pouvons ajouter que beaucoup de personnes croient que les souverains n'ont considéré M. le duc d'Orléans que comme lieutenant-général, lorsqu'ils ont laissé les ambassadeurs auprès de lui et que le dépôt des abdications a été la cause déterminante de leur politique. »

Et quelle était la cause déterminante de la vôtre, M. de Genoude, quand vous donniez à Louis-Philippe et à Marie-Amélie le titre de roi et de reine, depuis le 9 août 1830 jusqu'au 5 janvier 1831 ?

A la veille du 29 septembre et de la majorité d'Henri V, dont plusieurs jeunes gens sans mission allaient à Prague saluer le règne prophétisé par la *Gazette*, n'y a-t-il pas toute une comédie dans ce peu de mots? et un parti ne doit-il pas se trouver bien à plaindre, quand par l'organe de ses journaux il prête ainsi matière à la risée publique? le 13 septembre, la *Gazette* annonçait toutes ces merveilles avec un sérieux imperturbable, un de ces sérieux que les augures de Rome ne pouvaient garder en se rencontrant ; mais la *Gazette*, qui en revendrait à tous les augures, n'en reste point là. Il faut que toujours elle pousse les choses à l'extrême, il faut qu'elle soit encore plus maladroite même que ses habiletés.

Aussi est-ce sans surprise que le 14 on rencontre en tête de ses colonnes une lettre *à Louis-Philippe d'Orléans, premier prince du sang, lieutenant général du royaume.*

Par cette lettre, le roi de la *Gazette*, le roi qu'elle a reconnu en prenant une avance de date sur toutes les puissances, n'est plus que le lieutenant général du royaume, et elle l'engage à suivre le conseil qu'indique assez du reste la suscription même du pamphlet.

Pour toute réponse, on saisit la *Gazette*, comme si la folie était justiciable de la cour d'assises ! et M. de Genoude, qui déjà était en hostilité avec les cours étrangères ne s'attelant pas assez vite à son char, M. de Genoude leur déclare une guerre à outrance.

Ce fut sur l'empereur d'Autriche que tombèrent les premiers éclats de la foudre.

L'empereur d'Autriche était bien coupable.

Il avait donné asile à ses parents exilés, et la duchesse de Berri, après une course en Italie, venait d'arriver à Léoben. Des scrupules de famille, des débats intérieurs qui n'ont pas besoin d'être connus, tenaient encore cette princesse éloignée de ses enfants, qu'elle désirait embrasser avant de songer à un établissement durable.

La *Gazette*, dont les rois avaient trompé les prédictions, prit texte de ce séjour à Léoben pour en faire un bon chef d'accusation. Voici comment elle procéda.

M. de Genoude, qui n'a jamais pu être nommé son *excellence*, M. de Genoude, que l'Église ne voudra jamais appeler son *éminence*, a pourtant, en avancement d'hoirie, reçu de la bouche du pauvre Émile Morice, si prématurément enlevé aux lettres, à ses amis et à la *Quotidienne*, dont il était l'un des plus spirituels collaborateurs, un titre dont le directeur de la *Gazette* a droit d'être fier. Quand Émile Morice voulait parler de lui :

Comment se porte, disait-il avec un roulement d'yeux à l'avenant, SA DOUCEUR M. de Genoude?

Que pensera de tout ceci SA DOUCEUR M. de Genoude?

Puisque les autres dignités n'arrivent pas, restituons-lui de bonne grâce celle que Morice avait inventée.

Sa *douceur* donc était rouge de colère rentrée, il lui fallait une tête couronnée à immoler à ses prédictions sans résultat. L'empereur François II lui tomba sous la main, à propos de Léoben, de la duchesse de Berri et de ces détails de famille trop intimes pour nous occuper. La *Gazette* publia le 4 décembre 1833 un article où on lisait :

« Le gouvernement autrichien, comme on le sait, se distingue par une fine et profonde politique. Sans avoir la prétention d'en pénétrer tous les détours, nous serons peut-être dans la nécessité d'apprécier la nature de quelques unes de ces adroites combinaisons qui se dérobent sous des apparences de générosité et de bons offices. »

C'était une attaque détournée, une de ces mielleuses insinuations dont sa douceur M. de Genoude a la recette.

Cet article fut mis sous les yeux de l'empereur François. Un quart d'heure après, un courrier partait en toute hâte pour porter à la duchesse de Berri une lettre de l'empereur et les passeports dont elle pourrait avoir besoin, comme preuve suffisante qu'elle était libre de sortir des états autrichiens.

Cette lettre, pleine de bons sentiments pour la famille exilée, se ressentait un peu de l'irritation bien naturelle qu'une pareille accusation devait inspirer, et elle demandait à la duchesse si c'était *par ses ordres qu'un prétendu journal monarchique se chargeait d'expliquer ainsi l'hospitalité qu'il avait été heureux de lui offrir*.

Au reçu du courrier de cabinet, madame de Berri se répand en paroles pleines d'amertume contre la *Gazette*; elle s'écrie en présence de plusieurs personnes :

« Il faut donc que je sois toujours poursuivie par ces « hommes-là ! En Vendée, ils paralysent le mouvement « que je tentais; à Blaye, ils me couvrent d'un lugubre « ridicule; ici ils cherchent à me mettre en hostilité avec « ma famille. Cela ne sera pas. »

Sous l'impression de sa légitime colère, elle écrit une lettre à l'empereur, elle le prie d'interdire dans son empire la *Gazette de France*, elle lui demande cette interdiction comme une faveur en lui disant que sa famille à elle, que ses sujets à lui y gagneront tous, et M. de Metternich se rend à un vœu qui était depuis longtemps dans ses intentions.

C'est ainsi que la *Gazette* ne pénètre plus en Autriche et dans le royaume lombardo-vénitien.

A dater de cette mesure qui l'a d'un seul coup privée de plus de mille abonnés, et qui lui enlève à l'extérieur une partie de l'influence que tout journal est si jaloux d'exercer, la *Gazette* est devenue l'adversaire déclaré du gouvernement autrichien. Elle le poursuit dans ses actes, elle l'accuse dans ses hommes, elle le calomnie à dire d'expert, elle s'acharne sur lui comme sur le milieu dont, depuis dix ans, elle pronostique la fin prochaine, dont elle sonne le glas funèbre; et pour n'en citer qu'un exemple qui a frappé d'étonnement tous les hommes s'occupant de politique, racontons un fait qui est peut-être encore dans tous les souvenirs.

Lors du couronnement de l'empereur Ferdinand d'Autriche à Milan, les feuilles publiques de toute opinion qui se publient en Angleterre, en Allemagne et en France, constatèrent l'immense affluence de voyageurs que cette grande solennité attirait dans la cité de saint Ambroise et de saint Charles-Borromée.

Seul, le correspondant que la *Gazette* s'était improvisé pour la circonstance, ne trouva rien de beau dans les préparatifs, ne vit point la foule qui assiégeait les routes, qui encombrait les rues de Milan. Il n'y eut personne pour lui, personne pour la *Gazette*.

Quand l'amnistie fut proclamée, elle essaya quelques éloges de mauvaise grâce, elle ne loua qu'avec embarras un si généreux pardon dont elle seule était exclue; ce ne fut que du bout des lèvres qu'elle parla des fêtes impériales et de l'enthousiasme populaire. Elle en parla presque à contre cœur. Cette amnistie ne lui rapportait rien, et la dévote gardait rancune au prince de Metternich qui est devenu pour elle un homme du milieu, un tyran étouffant sous le boisseau la lumière qu'elle s'est donné mission de répandre.

En 1834, la *Gazette* n'avait pas touché ce but. Elle s'y acheminait peu à peu, il est vrai, et pour mieux constater ses progrès en démocratie, elle se jetait, chaque matin, aux pieds du *National*; elle le flagornait dans ses théories républicaines qu'elle citait avec enthousiasme; elle tâchait de prendre Carrel dans ses filets, de l'entourer de flatteries; elle l'appelait un grand citoyen, un profond publiciste, mais Carrel et le *National* passaient outre. L'écrivain souriait de pitié, le journal raillait impitoyablement ces allures d'écolier démocrate, dont ni l'un ni l'autre ne comprenaient les impossibles systèmes; pourtant, au dire de la *Gazette*, le mouvement de réforme était donné; il n'y avait plus qu'à le régulariser.

La réforme embrassait toute la France dans un vaste réseau. Elle était au nord et au midi; elle régnait à Marseille, elle allait gouverner à Strasbourg. Pour mieux servir ses projets d'émancipation, la chambre de 1831 expire; de nouvelles élections sont annoncées.

Il y eut fête au sanhédrin de la *Gazette*. Elle traça la

ligne que devaient suivre les légitimistes, la marche que le parti républicain adopterait.

Avant même l'ordonnance de dissolution, elle présagea la victoire, elle s'adjugea le triomphe. Pour l'acheter plus chèrement, elle ne craignit pas d'engager les hommes de monarchie à voter en faveur du premier venu qui se présenterait à leurs suffrages, bien décidé à accepter un mandat.

Soyez républicain de 1793 ou royaliste de la vieille souche, amant du progrès indéfini ou partisan rétrograde de la révolution de juillet, ayez toutes les vertus ou tous les vices, qu'importe à la *Gazette*?

Vous êtes son candidat pour peu que vous prêtiez foi et hommage à ses volontés, pour peu que vous vous laissiez lier les mains par le mandat qu'elle a formulé.

« Les colléges électoraux, dit-elle, sont convoqués.

« Nous sommes si peu dominés par l'esprit de parti que nous déclarons que tout homme qui acceptera un mandat contre le monopole électoral nous paraît un excellent choix, à quelque opinion que cet homme appartienne.

« Il est donc évident pour tout le monde que pour les royalistes un grand intérêt national est le but déterminant de leur politique, et que pour eux il n'y a point d'exclusion d'hommes, mais que les principes sont tout. »

A cette déclaration, qui fit frissonner d'une juste horreur le parti royaliste, on ajouta chaque jour des commentaires plus surprenants les uns que les autres. La

Gazette désigna ses candidats, mais elle eut bien soin de ne pas s'oublier. M. de Genoude qui en ce temps-là se croyait destiné à devenir l'une des gloires de la tribune française, jeta son dévolu sur deux colléges. A la date du 8 juin, il fait reproduire par la *Gazette* l'article suivant obtenu à force d'obsessions, et parti de la rue du Doyenné pour apparaître dans la rue Neuve-des-Bons-Enfants.

« On lit dans la *Quotidienne :*

« On écrit de Montélimart (Drôme) que les électeurs de cette ville se proposent de porter M. de Genoude, leur compatriote, comme candidat à la députation. Nous devons féliciter les électeurs de Montélimart d'avoir pour compatriote un homme aussi distingué que M. de Genoude et de vouloir en faire leur député. »

Une candidature dauphinoise n'était pas assez pour ses velléités de chef de parti. Il lui fallait mieux que cela. M. de Genoude devait, à l'unanimité, sortir de l'urne du scrutin de plusieurs colléges. La *Gazette* avait conçu cette légitime espérance. Personne sur la terre ne pouvait s'y opposer, et ce n'était pas du ciel que l'on attendait quelque obstacle.

Le ciel n'est-il pas toujours de moitié dans ses vœux?

Aussi le 12 juin 1834, comme pour mettre la Providence au défi, la *Gazette* prend ses ébats. Le nom de M. de Genoude sera indubitablement proclamé dans sa patrie, trop heureuse de reconnaître ainsi par une élection spontanée l'honneur qu'il lui a fait en naissant dans les montagnes du Dauphiné ; et, par surcroît, la *Gazette* annonce que Draguignan veut disputer cette gloire à Montélimart. La ville de l'Aigle se met aussi sur les rangs.

« Nous apprenons, révèle-t-elle, que les électeurs royalistes de Draguignan ont aussi le projet de porter M. de Genoude à la députation.

« M. de Genoude étant dans ce moment absent de Paris, la *Gazette de France* peut dire que cette élection serait très utile à la cause des principes dont la *Gazette* est l'organe, et qu'elle fortifierait l'action qui peut seule amener le triomphe de la cause nationale à laquelle M. de Genoude a dévoué sa vie. »

C'était bien, très bien ; le *pulchrè! benè! rectè!* des *Gazettes de Bourges et de Lyon* va donc obtenir une nouvelle sanction, donner un corps à cette inexplicable dualité que nous avons si méchamment dévoilée. L'élection de M. de Genoude ne peut, ne doit souffrir aucune difficulté. C'est convenu à l'avance, arrangé pour la plus grande gloire de Dieu, et la *Gazette*, dont le succès électoral est infaillible, put, entre sa triple candidature, donner un coup de main à celle de ses amis. M. de Genoude s'était naguère prononcé contre le serment avec une persistance qui ne s'accommodait guère des jésuitiques interprétations. Aussi, pour ne pas nuire à ses desseins, laisse-t-il, pendant les jours précurseurs de la bataille électorale, sommeiller dans ses cartons tous les beaux arguments qu'il eût été si rationnel de faire prévaloir contre le serment qu'après le 1er octobre 1833 il était interdit de prêter sous peine *de renier la foi monarchique.* Il vint présenter à la France une liste de notabilités dont, pour la plupart, personne encore n'avait soupçonné l'existence.

Cette liste, étonnante tour de Babel où le nom de M. Berryer est accolé à un obscur avocat, ignoré même dans la salle des Pas-Perdus, cette liste est affichée comme le *nec plus ultrà* de la sagesse nationale. Il y a de ces candidats qui, à l'exemple de M. de Kergorlay, refusent le serment par principe de conscience. On en rencontre qui n'ont pas atteint l'âge fixé par la loi pour être député; d'autres ne paient pas le cens; quelques uns même sont morts avant cette candidature posthume. La *Gazette* ne s'alarme point pour si peu; tant d'obstacles ne l'effraient guère.

Tout doit marcher au gré de ses vœux. Elle l'a dit. Elle l'a voulu. La résistance est donc impossible. Le mouvement réformiste est en marche. Qui sera assez fort pour l'arrêter?

Elle attend avec une imperturbable sécurité le résultat des élections.

Le 26 juin, le *Moniteur* mentionne que dans les trois colléges rivaux qui se disputaient la gloire de nommer la *Gazette* député, M. de Genoude a réuni une voix.

Une voix à l'Aigle! c'était la bonne; celle du saint Jean criant dans le désert.

Mais à Draguignan, mais à Montélimart, personne ne s'était présenté pour jeter une fleur ou un vote à celui qui abjurait ses opinions sur le serment, afin que les électeurs de ces arrondissements eussent l'honneur d'être représentés par la *Gazette*; personne ne lui avait donné signe de vie.

Les électeurs ne valaient pas la peine que M. de Genoude prenait pour eux. M. de Genoude déclara qu'en cas d'élection il n'aurait pas trahi ses principes et prêté un serment qui répugnait à sa conscience.

Le mouvement électoral que la *Gazette* servit à imprimer, avait entraîné un grand nombre de royalistes. Il y eut contre elle une levée de boucliers qui se manifesta en menaces et en reproches. On accusa M. de Genoude d'avoir abusé de la bonne foi royaliste pour des calculs trop évidemment personnels. M. de Genoude laissa dire, récriminant à son tour, anathématisant les légitimistes et les républicains qu'il avait promis d'amener à une coalition, et qui ne s'étaient entendus que sur un seul point, celui de son exclusion. M. de Genoude cria à l'ingratitude, et, afin de se consoler de l'aveuglement des hommes qui repoussaient la seule planche de salut offerte à la France par sa modestie, il fut présumé se précipiter dans les études ascétiques que des charpentiers littéraires dégrossissaient sous son nom.

La raison du Christianisme, ouvrage publié sous la direction de M. de Genoude, compilation sans but et sans portée, s'élança de son sein pour régénérer le monde ; puis, afin de prouver à la France que son journal ne s'occupait plus que des intérêts du ciel, on annonce l'*Histoire de l'Église*, continuée jusqu'à nos jours par M. de Genoude, se laissant tenter par les gigantesques travaux des Pères de l'Église primitive, comme il s'était longtemps laissé absorber par le désir de rivaliser à la tribune les brillants orateurs dont ont lui persuadait que son début effacerait toutes les vieilles gloires.

Au mois de mars de cette même année 1834, un événement douloureux avait plongé M. de Genoude dans le deuil. Sa jeune femme était morte, emportant avec elle dans la tombe le dernier frein qui pouvait retenir cette vaniteuse suffisance entourée de tant de besogneuses ambitions, et à propos de madame de Genoude qui, elle, n'aurait pas été ingrate envers ses premiers bienfaiteurs, racontons en passant un trait qui peindra tout l'homme.

Il y avait à peu près un mois que ce mariage était consommé. La lune de miel durait encore. M. de Genoude était radieux, car dans le contrat il avait fait inscrire sa Bible comme l'apport pouvant entrer en balance avec la dot de mademoiselle de Fleury. Il est abordé par M. R..., un député de la droite, aussi connu par son éloquente probité que par la causticité de son esprit.

— Mon cher Genoude, lui dit ce député, je vous félicite bien sincèrement de votre mariage. J'ai vu votre femme ; elle est charmante.

— Vous trouvez, reprend le futur thaumaturge, vous me faites bien plaisir; moi je ne m'en étais pas aperçu.

Et le malin député rit encore de cette incompréhensible saillie que Tartufe reprochera éternellement à Molière d'avoir oubliée.

Par la mort de cette jeune femme, M. de Genoude se trouvait donc livré à lui-même, sans ange protecteur, sans conseiller intime pour l'empêcher de tomber dans tous les piéges qu'il est si facile de lui tendre. Le monde refusait à son nom les honneurs auxquels on lui a persuadé qu'il avait des droits sacrés; le monde avait pris en dédain cette polémique si creuse et si pédante, ces *monologues à deux* qui ne pouvaient plus égarer que certains esprits pour lesquels l'erreur est un besoin de tous les jours. M. de Genoude s'aperçut du vide qui se formait autour de lui; il sentit qu'à cette politique à laquelle il s'attachait même par les défaites successives qu'elle lui faisait subir, il fallait donner une consécration plus puissante que celle dont il n'était plus possible d'abuser.

Le directeur de la *Gazette* se fit prêtre.

C'est maintenant sous l'influence de ce caractère vénéré, qui lui imposait des devoirs de toute sorte, que nous allons avoir à juger la marche du journal qu'il résume en sa personnalité.

Avant d'entrer dans cet examen qui, pour nous, doit être une étude plus difficile, plus grave et plus consciencieuse, s'il est possible, nous devons dire, comme indispensable préliminaire à la suite de cette histoire, que jusqu'ici M. de Genoude a entraîné les autres dans le tourbillon de ses chimères ; mais, à partir de son sacerdoce, ce n'est plus lui qui impose ses volontés, ce n'est plus sa raison, si égoïste calculatrice, qui règne et gouverne.

Il est prêtre, et, à l'aide de cette soutane noire dont il a enveloppé ses théories, on lui a persuadé que lui seul accomplirait les immenses destinées auxquelles la France est réservée; il croit qu'il est appelé d'en haut à émanciper la terre. Il s'est donné une mission providentielle. Ses flatteurs, en faisant rayonner au dessus de sa tête le chapeau rouge du cardinal de Richelieu qui, à l'inverse de l'épée de Damoclès, n'y tient pas suspendu par un seul fil, ses flatteurs l'ont peu à peu amené à ajouter foi en son infaillibilité, et, pour ne donner qu'un exemple de cette bassesse d'adoration dont il est l'objet, contentons-nous de rappeler une de ces scènes dont l'appartement de M. de Lourdoueix est si souvent le théâtre.

M. de Genoude est amateur de peinture. Il l'aime pour lui, il l'aime surtout parce que, chaque année, elle perpétue sur la toile le profil onctueux de son visage.

C'est un habitué des salons d'exposition ; on l'y a vu tantôt drapé dans son manteau, comme un Childe-Harold inspiré, tantôt sous le frac des élégants du jour, essayant de conquérir quelques miettes d'une éphémère popularité plus souvent due au talent de l'artiste qu'à la gloire anonyme de l'exposé; mais à l'un des derniers salons une métamorphose s'était opérée.

De toutes les vanités du monde qu'il a mises au pied de la croix, c'est la seule dont il ne lui ait pas été possible de se séparer encore.

Son portrait en pied brillait au Musée parmi les jeunes femmes à la mode, Guyon futures dont il espère peut-être devenir un jour le cygne de Cambray. C'était bien le même front, le même sourire, mais il y avait dans son maintien une extase encore plus idéale, un pressentiment du ciel, une pensée de révolution entée sur un souvenir confus de monarchie. Prêtre, M. de Genoude avait témoigné le désir d'être peint en prêtre. Il en avait la robe noire, le petit collet, et Dieu sait à combien de dangers ce tableau presque inaperçu a exposé la France et Louis-Philippe.

A la *Gazette* on tient absolument à ce que M. de Genoude ait les yeux admirablement veloutés. C'est un état chronique dont les bureaux de rédaction se trouvent assez bien. Les yeux de M. de Genoude ont quelque chose de si divin, de si plein d'une céleste harmonie qu'il n'y a pas moyen de se soustraire à leur attraction. Les premiers jours de l'ouverture du salon, cela fut dit en toutes les langues, fut chanté sur tous les modes; lorsque la *Gazette* eut épuisé ce sujet d'admirations sans cesse renaissantes, il fallut en chercher un autre pour admirer encore.

Un soir, la conversation languissait autour du foyer de M. de Lourdoueix où M. de Genoude, comme à son ordinaire, respirait l'encens dont on l'enivre. Tout à coup survint un des commensaux du journal, un de ceux qui savent le mieux

« Chatouiller de ce cœur l'orgueilleuse faiblesse,

et à brûle-pourpoint, là, sans transition comme sans préambule, il s'écrie :

— Eh bien ! mesdames, savez-vous la grande nouvelle? La famille d'Orléans a parcouru aujourd'hui le Musée, et, en face du portrait si vrai de M. de Genoude, Louis-Philippe s'est arrêté plus de vingt minutes. Il paraissait plongé dans une profonde méditation. Ses regards ne pouvaient s'arracher de ce tableau. Il était sombre comme si dans chaque ligne du portrait il eût lu une condamnation anticipée, et dans les yeux un arrêt flamboyant comme au festin de Balthasar. Vous savez les trois mots sacramentels.

Chacun développait à sa manière les tortures dont le roi des Français avait dû être assiégé devant cette image personnifiée de la *Gazette*. On commentait tout ce qu'on voulait qu'il eût pensé, tout ce qu'on voulait qu'il eût souffert, et, sans s'inquiéter de la confiance qu'il fallait ajouter à une absurde hypothèse passée maintenant à l'état de vérité dans l'esprit de messieurs du suffrage universel, chacun arrangeait un thème à sa guise, brodait une circonstance, découvrait une petite malice anodine qu'il attendait l'instant propice pour placer à intérêt; quand M. de Genoude se lève de la causeuse où il a reçu ces hommages, se promène à pas lents et réfléchis dans l'appartement, puis, d'un ton solennel et pénétré, en hochant la tête avec un air de compatissante pitié :

— Je crois, dit-il, qu'après cette station, Louis-Philippe aura dû passer une bien mauvaise nuit.

Chacun se fit une obligation d'en croire autant sur la parole du maître, et ce qui surprendrait partout ailleurs qu'à la *Gazette*, c'est que vous y rencontrez encore des gens qui vous parlent, comme d'une époque remarquable dans une vie d'homme, de cette nuit de supplice que, de son chef, M. de Genoude a improvisée à Louis-Philippe qui ne s'en doute guère.

Et pour qu'on ne nous accuse pas de changer le tableau ou de reprocher au directeur de la *Gazette* une vanité dépassant les bornes de l'humaine faiblesse et à ses courtisans une cruauté de flatteries qui perdrait un anachorète, ajoutons à ce trait un nouveau fait aussi incontestable que le précédent.

M. de Genoude a la manie de croire qu'avec sa plume ou avec sa parole il peut, comme un nouveau Christ, renouveler la face de la terre. Il est entretenu dans cette croyance par tous les vieux censeurs, par les femmes divorcées, par les bas-bleus, aussi peu fidèles au lien conjugal qu'aux lois de la grammaire, dont il forme sa cour sacerdotale.

Il a les révolutions dans la poche de sa soutane comme, au dire de Delille, Lebrun avait la gloire, et afin de galvaniser cet orgueil, le meilleur de leurs revenants-bons, tous se mettent à la peine, tous torturent leurs pensées et inventent de nouvelles adulations.

—Avec votre génie, disait, il y a peu de temps, à M. de Genoude un de ces hommes qui avait besoin d'un billet de 500 francs, vous bouleverserez le monde, quand cela vous ira.

—Oh! le monde, non, mais l'Europe, oui, reprend l'abbé avec la modestie que vous connaissez.

Jusqu'à présent et par bonheur pour l'Europe, il parait que cela n'a pas encore été au grand agitateur anonyme, attendons.

IX

Pour la *Gazette*, pour ses politiques ou ses prophètes à tant la ligne, David surnuméraires, qui, de leurs plumes émoussées, se faisaient une harpe sur laquelle ne retentissaient que des chants d'actions de grâces, que des hymnes de bonheur à venir ou d'espérance universelle, l'année 1835, comme ses sœurs aînées, s'ouvrit sous les plus favorables auspices. Tout tendait à une restauration, tout marchait vers une restauration, les faits, les idées, les hommes, les choses les plus disparates.

La *Tribune*, pour hâter ce mouvement tant promis, décrassait les opinions de ses clubs ; le *National* allait déserter sa république empruntée aux formes américaines, et la presse dynastique ou ministérielle, libérale ou légitimiste, tout se donnait la main pour seconder les efforts que tentaient MM. de Genoude et de Lourdoueix.

La restauration était imminente.

Cette fois, croyez-le bien, ce ne sera plus ce mouvement bâtard que les Russes ont protégé et qui a été confisqué au profit des doctrinaires. La *Gazette* y mettra la main; tout sera donc selon les vues de la Providence. La restauration s'accomplira sans coup férir, par la force même des choses; et afin que personne n'en puisse prétexter cause d'ignorance, le 19 février 1835, dans un article intitulé : *Puisque tout le monde marche vers la restauration, comment n'y arriverait-on pas?* entendez la *Gazette*, avec son aplomb déjà imperturbable, vous donner, dans un style qui n'appartient qu'à elle, les raisons qui la poussent à mettre partout ses chimères à la place de la vérité.

« En effet, dit-elle, ce n'est pas la restauration qui vient à nous, c'est nous qui allons à la restauration. Lorsque tout le monde marche vers un même but et que le chemin s'élargit et s'aplanit à mesure qu'on avance, ce qu'il y aurait d'extraordinaire serait qu'on n'y arrivât pas; mais il n'y aurait rien d'étonnant qu'on y arrive, c'est au contraire une chose toute simple; et nous disons ceci pour affermir des esprits timides et flottants, qui ne remarquent point assez la route parcourue depuis quatre ans et que nous avons laissée derrière nous. »

A lire cette homélie visant à la prophétie, ne seriez-vous pas tenté de croire que c'est la restauration qui frappe à la porte de la France?

M. Garnier-Pagès l'amène plus vite que M. Berryer, M. Odilon Barrot la prépare avec plus d'activité que le marquis de Dreux-Brézé, et je ne sais trop si le roi Louis-Philippe ne s'en occupe pas avec plus de désintéressement que la famille royale exilée. Quant à la *Gazette*, elle voit ici, elle voit là, elle rencontre dans tous les événements, les plus infimes comme les plus saillants, la restauration, dont elle a consenti à devenir le chaperon.

Si le gouvernement donne ordre à ses maçons de placer une pierre à un monument qui tombe de vétusté; s'il récrépit de vieux murs ou gratte une statue qui demain sera ruine comme tant de gouvernements qu'elle a vus passer, la *Gazette* est là, elle se transporte sur les lieux, elle inspecte les travaux, et à chaque badigeonneur patenté elle délivre un brevet de *restaurateur*. La restauration nous déborde.

Qu'un journal, dans un accès d'opposition ou de vérité, vienne à comparer le ministère Villèle avec un ministère de juillet; qu'il paie un juste tribut d'hommages à ce que l'homme d'état toulousain fit de bon et de salutaire dans l'intérêt de la France, M. de Villèle sera restauré comme M. de Marcellus. La *Gazette* est à l'affût de tout ce qui se dit, de tout ce qui s'écrit. Elle est sous les armes pour saisir au passage la moindre allusion pouvant tourner à son profit ; elle a des entrepreneurs de restauration qui ont passé bail pour tout ramener à son sens. Ces entrepreneurs s'arrangent une France à leur guise, ils la façonnent dans leurs mains ainsi qu'une cire pleine de docilité. La France est soumise à leur creuset, et comme s'ils avaient juré de soutenir jusqu'au bout la plus folle des gageures, pour eux tout est matière à restauration.

Que le procès d'avril se présente à la cour des pairs hérissé de ses difficultés matérielles et morales ; que Fieschi frappe toute une légion de peuple et de généraux, sous le coup de ce procès et de cet attentat la *Gazette* trouve encore une idée de désillusionnement et une espérance de restauration. La restauration est pour elle un état normal dont elle n'ose priver la France, et oubliant la maxime d'Harrington, que, le 14 mai 1835, elle inscrivait dans ses colonnes, elle marche toujours, emportant dans son encrier toutes les prédictions restauratrices dont elle assourdit le pays.

Harrington disait :

« Quand les fous d'un parti maître du pouvoir l'emportent sur les sages et parviennent à exercer la direction des affaires, le règne de ce parti est à sa fin. »

Les royalistes, en 1835, semblent avoir compris ce que cette pensée pouvait avoir de vrai dans leurs rapports avec la *Gazette*, car, à cette même époque, on les voit déjà, presque aussi indifférents qu'aujourd'hui, laisser M. de Genoude s'imposer à la direction de leurs affaires, et, d'après Harrington, annoncer que leur règne était fini. Jamais, peut-être, parti ne se trouva si attéré que celui dont la *Gazette* s'improvisait l'organe.

Tiraillé dans son intérieur par mille petites passions contraires, il n'osait entrer en lutte ni avec le milieu ni avec la république. La *Gazette* seule, espèce d'enfant perdu dont, en cas d'événement, il se réservait le droit de désavouer tout haut les doctrines qu'il condamnait *in petto*, la *Gazette* seule prenait ses coudées franches, elle payait d'audace, jetant chaque matin son va-tout sur la premièrc carte venue, et chaque soir proclamant qu'elle avait gagné la partie, lorsque personne n'avait songé à tenir l'enjeu.

Rien ne pouvait suspendre sa marche, elle immolait en passant amis et ennemis, tirant sur les uns pour essayer plus tard de faire feu sur les autres. Vous l'avez vue maudire et la duchesse de Berri et la Vendée, qui n'ont pas pris conseil de sa sagesse. Le 5 juin 1835, elle vient se ruer contre la république et mettre à nu toutes ses impossibilités.

La *Gazette* a peut-être tué la restauration sous sa couardise. La voilà qui maintenant s'en prend à la république; la voilà qui étale son bilan démocrate avec un luxe de contre-vérités par trop prodigieux ; et pourquoi tous ces enregistrements mortuaires avant décès? dans quel but au 5 juin déclare-t-elle que la république est finie, qu'elle n'a plus même d'espérances? Eh! mon Dieu! la raison en est bien simple; lisez ce passage, et vous verrez que c'est à la réforme, au vote universel qu'elle fait honneur de ce trépas prématuré dont la république n'a pas encore voulu signer l'acte.

« Le seul argument du pouvoir actuel pour se soutenir, c'est que s'il disparaissait, on tomberait en république. C'est là, nous pouvons le dire, son dernier argument. Comprend-on alors qu'il ait persisté à faire faire le procès monstre qui est la déroute du système, quand l'effet devait être de montrer à la France l'impossibilité de la république! Il est clair maintenant qu'il n'y a dans ce parti ni système, ni plan, ni chef, ni lien, ni symbole commun, et de plus que la république ne trouverait pas en France une assemblée; il n'y a donc point de champ de bataille pour faire des dictateurs, des tribuns ou des généraux. A quelque degré qu'on mette le cens, il est impossible que la république ait une majorité dans une chambre, et si l'on ne met aucun cens, elle sera à jamais finie en France par le vote universel, ce qui n'empêche pas, comme théorie, qu'elle ne soit digne d'esprits généreux, mais chimériques. »

Afin de tuer une monarchie de quatorze siècles, la révolution s'est armée de ce vote universel qui, par la force des choses, a annihilé la propriété avant de la faire passer en d'autres mains. Afin de tuer la république et de la tuer à tout jamais, comme la *Gazette* le prétend, il faut supprimer le cens électoral et donner à chacun, au pauvre comme au riche, au savant comme à l'ignorant, le droit de suffrage. A cette condition, la *Gazette* vous promet que *la république ne trouvera pas en France une assemblée.* Elle s'est arrangée pour cela. En vérité le gouvernement de juillet dont elle a si chaudement épousé parfois les intérêts, ne vous semble-t-il pas bien aveugle de dédaigner la planche de salut que M. de Genoude offre à ses capacités ?

Et ce n'est pas dans ce seul article que semblable théorie est professée. Quand la *Gazette* a adopté une idée, il faut que cette idée, bonne ou mauvaise, produise son effet et la défraie pendant de longues années. Elle s'est liée à la réforme électorale, ainsi qu'à une dernière ressource d'opposition ; maintenant elle se retranche dans ce système qu'elle a vingt fois modifié, qu'elle modifiera vingt fois encore, si elle le croit nécessaire à ses projets, puis elle va toujours, aveugle qui, malgré l'Evangile, veut conduire d'autres aveugles, et qui ne s'arrête pas même au bord du précipice.

Jusque alors elle n'a eu qu'une véritable passion, celle de la réforme électorale ; elle a offert sa réforme à tous les partis, comme la panacée universelle, menaçant avec cette arme à deux tranchants la monarchie et la république, les hommes d'ordre qui refusaient de s'en servir et les hommes d'anarchie qui essayaient de la tourner contre les premiers. Maintenant une seconde passion lui est venue. Elle a saisi la *Gazette* au cœur, parce qu'elle lui présentait un nouveau moyen de domination. La *Gazette* s'en est emparée comme d'une subvention, et, M. de Genoude prêtre, elle a voulu faire marcher côte à côte le vote universel et l'intolérance religieuse.

M. de Genoude ne sera plus seulement le politique infaillible dans les choses de ce bas monde, il s'est posé comme le docteur universel en matière de foi. Le sacerdoce a versé sur sa tête les lumières de l'Eglise, a donné à son esprit la puissance et la force. M. de Genoude n'était que le grand prêtre de la raison monarchique; on l'a élu le souverain arbitre de la conscience.

C'est à son tribunal qu'est dévolu le droit de juger les hommes; les bureaux de la *Gazette* sont, en premier ressort, la vallée de Josaphat, où l'on condamne, où l'on absout, dans l'intime persuasion que Dieu ratifiera ces jugements. Au pied de ce tribunal sont appelés chaque jour les Juifs et les Gentils, les protestants et les incrédules, les catholiques, selon l'Église et ceux surtout qui n'ont pas foi en l'infaillibilité de M. de Genoude.

Qui n'est pas pour lui est contre lui, et qui n'accepte pas sa décision comme principe, sa volonté comme règle immuable, se trouve mis au ban de cette église qu'il tente de fonder en dehors de l'Église universelle.

La religion a inspiré à la *Gazette* des idées diamétralement opposées aux doctrines jusqu'à présent professées par les apôtres, les martyrs, les confesseurs de la foi et les pères de l'Église. Saint Paul disait aux premiers chrétiens : *Obedite principibus vestris, etiam discolis.* M. de Genoude, qui n'a rien de saint Paul, ne tient pas le même langage. Le caractère du prêtre a effacé chez lui les hésitations calculées de l'homme politique.

C'est O'Connell qu'il défend en Angleterre.

La révolution de Belgique, faite par le clergé coalisé avec le libéralisme, a toutes ses préférences.

Le roi de Prusse est immolé aux catholiques des provinces rhénanes.

La Pologne a raison contre l'empereur de Russie, et si les carbonari milanais ou vénitiens brisaient le joug de l'Autriche, la *Gazette* battrait des mains.

C'est ainsi que, peu à peu, entraînée par le torrent des sophismes qu'elle jette contre la vérité ainsi que des jalons devant guider sa course, c'est ainsi, disons-nous, qu'elle est arrivée à isoler son parti de toute alliance avec les monarchies européennes, et qu'elle essaie de le tenir en tutelle sous les plis de sa soutane, ainsi qu'un enfant abrité dans le giron maternel.

Certes, nous sommes les premiers à croire qu'en tout état de cause, le parti légitimiste ne fera jamais un sacrilége appel à l'étranger; nous pensons qu'il s'estime assez fort pour se passer de ces interventions qui dépopularisent les meilleures causes; mais est-ce bien un motif pour semer chez les autres peuples la discorde politique, au nom de l'unité catholique, et la haine des rois, au nom de l'amour de Dieu? N'y a-t-il pas quelque chose de pénible à voir un prêtre se précipiter dans les bras de tous les révolutionnaires du globe et embrasser leur cause, à l'instant même qu'ils inscrivent sur leurs drapeaux la décevante devise d'émancipation religieuse et de propagande catholique, grands mots que les révolutions traduisent à leur guise, et que Rome n'approuve pas toujours, car elle a appris à en connaître les conséquences!

Rome s'oppose à la plupart de ces levées de boucliers pour la foi. Qu'importe à la *Gazette*? Elle fait comparaître devant elle les souverains : pourquoi se refuserait-elle la puissance d'y évoquer le pontife romain? Auprès de l'infaillibilité de M. de Genoude, qu'est-ce donc, je vous prie, que l'autorité du saint-siége apostolique? Qui n'est pas pour la *Gazette* est contre la *Gazette!*

Qui n'aime pas Cotin, n'estime pas son roi
Et n'a, selon Cotin, ni foi, ni Dieu, ni loi.

Boileau le disait de son temps. Boileau a plus que jamais le droit de le dire.

En politique, en littérature, en religion, c'est sa pensée et son point de départ; aussi voyez comme elle frappe avec rigueur sur tous ceux qui cherchent à écarter cette main de plomb sous laquelle on voudrait anéantir leur libre arbitre. Chez la *Gazette*, il y a de l'inquisiteur et du révolutionnaire, une pensée mal définie encore, et qui pourtant se résume admirablement dans une individualité.

Homme politique, M. de Genoude ambitionne de soumettre à ses changeantes convictions toutes les convictions immuables.

Prêtre, il briserait l'autel pour s'en créer une chaire, et que ces paroles n'étonnent pas les lecteurs, nous en apportons la preuve.

La *Gazette* a deux systèmes de politique. Elle met en lumière ou elle étouffe; mais, par une aberration d'esprit dont personne encore n'a pu approfondir les mystérieux abîmes, la *Gazette* donne une seconde publicité à tout ce qui est opposé à la religion et à la monarchie. Elle enregistre avec complaisance dans ses colonnes, quelquefois sans blâme, le plus souvent avec éloge, toutes les attaques contre les pouvoirs ou contre les hommes; et, dans le même moment, par d'étroites combinaisons d'argent, elle cache sous le boisseau ou condamne à la stérilité les sages réflexions dont elle n'a pas eu l'initiative.

Ainsi, par exemple, que le *National*, le *Courrier* ou le *Constitutionnel* frappe avec amertume sur un principe d'ordre ou sur celui qui le représente ici-bas, soyez assuré à l'avance que la *Gazette* va leur venir en aide, qu'elle aura toujours à leur disposition des flots d'encre et la plus belle place dans ses colonnes; elle les cite avec emphase, comme des alliés sur lesquels elle aurait droit de compter; mais que la *Quotidienne* ou les autres feuilles royalistes publient un fait intéressant, d'importantes correspondances ou de spirituels articles, la *Quotidienne* et les autres feuilles royalistes trouveront bien dans la *Gazette* la même hospitalité que les journaux révolutionnaires, mais cette hospitalité sera enveloppée du voile de l'anonyme.

Ces feuilles n'existent que le jour où elles se laissent imposer l'apothéose de M. de Genoude; autrement, confondues sous la rubrique banale de : *On lit dans un journal du matin*, elles voient confisquer au profit de la *Gazette* le fruit de leurs veilles ou l'esprit de leurs rédacteurs. La *Gazette* ne leur donne signe de vie que lorsqu'elle a besoin d'elles. Encore est-ce avec une inquiétude mal déguisée qu'elle les nomme, tant elle semble redouter de donner à ses abonnés l'idée qu'il existe des journaux légitimistes en dehors d'elle!

Pour lui faire rompre le silence, il faut être ennemi de tout ce qu'elle croit avoir mission de défendre, ou marcher à sa remorque, sans autre volonté que la sienne. Si vous ne partagez pas toutes ses opinions, si, Faust monarchique, vous ne vous livrez pas pieds et poings liés à ce Méphistophélès de sacristie, la *Gazette* vous regardera comme un dissident, vous serez non avenu pour elle; n'aurez-vous pas rompu l'unité, son unité à elle, l'unité qu'elle proclame comme sa chose et sa propriété?

Ce qui se pratique pour la politique, à la vue de tous, se fait encore pour la religion, mais avec une certaine apparence de clandestinité. Les foudres ecclésiastiques de la *Gazette* ne tombent jusqu'à présent que sur le protestantisme et le judaïsme. Elle n'est intolérante que pour l'hérésie, sous le prétexte qu'*oportet hereses esse*; mais que le saint-siége, comme il est probable que cela arrivera tôt ou tard, décerne à la congrégation de l'Index quelques unes de ses doctrines qui ne sont pas toujours selon la foi; que l'on cite en cour de Rome ces VERBISTES réformateurs, toujours à la découverte d'une théocratie dont ils seraient les usufruitiers, aussitôt vous les verrez prendre Rome à partie comme naguère ils prenaient le vieux trône de saint Louis.

Le sacrifice de l'une ne coûtera pas plus à leur orgueil que le sacrifice de l'autre.

La *Gazette* a inventé une politique à elle. Pourquoi, dans un temps donné, ne se mettrait-elle pas à la recherche d'une religion qu'elle soumettrait à ses caprices, qu'elle modifierait au gré des circonstances ou adapterait à ses besoins particuliers?

En attendant cette époque, que les bons esprits du clergé de France prévoient déjà, retournons à la politique.

De 1834 à 1835, il s'était élevé contre elle du camp royaliste plus d'une grave accusation; nous l'avons démontré. D'autres viennent se joindre à ces premières.

On lui reproche de jouer double jeu, de vouloir en Espagne ce qu'elle ne veut pas en France, de souffler la guerre civile dans la Péninsule sous l'égide de don Carlos, lorsqu'elle avait contribué à l'étouffer dans la Vendée, au moment où madame la duchesse de Berry venait l'entreprendre. Quelques uns même vont plus loin : ils disent que, dans son intérêt à elle plutôt que dans celui des carlistes espagnols, la *Gazette* a établi à Bayonne et à Paris un atelier de nouvelles controuvées, une fabrique de proclamations royalistes qui chargeaient Charles V des ridicules de M. de Genoude. A ces dires on ajoutait des histoires du temps passé.

Le souvenir d'un certain discours du roi d'Angleterre à l'ouverture du parlement britannique de 1824, revenait à tous les esprits. Ce discours, dont la fausseté n'a été que trop prouvée, et que l'*Étoile* avait inséré sans arrière-pensée, mais non sans calcul de Bourse, servait de point de comparaison à toutes ces proclamations dont regorgeait le journal-prêtre; ici cependant qu'une réflexion nous soit permise.

Nous ne sommes point l'accusateur ou l'avocat de la *Gazette*. Nous ne voulons être que son impartial historien. Nous croyons donc qu'il nous appartient, à nous plus qu'à tout autre, de nous élever contre des inculpations dont il est très difficile d'apporter la preuve authentique. L'esprit de parti peut dénaturer bien des choses, mais de là à inventer des pièces officielles qui, dans notre siècle de fiévreuses spéculations sur les fonds publics, pourraient entraîner la ruine de nombreuses familles, il y a loin. La *Gazette*, sur ce point, a donc pu aussi facilement être trompée que calomniée. Ces deux suppositions doivent se discuter, avant de jeter à la crédulité publique un soupçon de faux que rien ne viendrait corroborer.

Nous en voudrions pouvoir dire autant d'une autre accusation plus grave peut-être, et qu'à la fin de 1837 on fit peser sur la *Gazette*. Le nom de M. Berryer s'y trouve mêlé d'une cruelle manière, et, avec les événements dont nous sommes actuellement les témoins, on conviendra que cette accusation a des apparences si déplorablement formelles, qu'il faudrait plus qu'un démenti de la *Gazette* pour ne plus ajouter foi à cette conspiration ourdie contre le chef du parti royaliste, conspiration que l'on sut si habilement extraire d'un rapport de juge d'instruction.

X

Au mois de juillet 1837, M. Edouard Walsh, directeur de la *Mode*, partit pour l'Allemagne, emportant à madame la duchesse de Berry les hommages, les conseils, les vœux épistolaires de M. de Genoude, puis deux lettres de M. Crétineau-Joly et de plusieurs notabilités légitimistes de l'Ouest, auxquelles M. Berryer s'était contenté de mettre l'adresse. M. Walsh est arrêté à Strasbourg; on saisit les papiers dont il était porteur; des visites domiciliaires sont ordonnées au domicile des personnes compromises par ces papiers. M. de Genoude devait en avoir sa bonne part; n'avait-il pas écrit à la princesse ces lignes, dans lesquelles le ministère s'obstinait à trouver un appel à la guerre civile, un appel qu'après la défaite M. Genoude ne craignait plus de faire.

« La France vous doit beaucoup, Madame ; vous avez prouvé que c'est du sang héroïque qui coule dans les veines de Henri V, et vous avez ouvert le chemin de la France au prince de votre famille qui, aujourd'hui, sauve la royauté en Europe. Ce sont vos traces qu'il a suivies, madame, et votre fils saura en retrouver la glorieuse empreinte. »

Le parquet était de l'avis du pouvoir. On comparait cette phrase si peu ambiguë avec les protestations contre la Vendée militaire dont, en 1832, la *Gazette* se remplissait chaque jour. Afin d'avoir le cœur net d'un complot légitimiste, la police fit une descente chez M. Berryer et chez M. de Genoude.

Le temps était au calme plat. M. de Genoude se prêta de bonne grâce à un faux semblant de persécution qui faisait monter ses actions, qui le plaçait à l'apogée d'un martyre pour rire. Il se mit en scène ; énumérant les visites domiciliaires pratiquées à *son château du Plessis*, et les racontant avec une verbeuse minutie de détails qui ne tarissait jamais. Il exploita la circonstance comme si elle eût été attendue depuis longtemps, comme si toutes ses mesures eussent été prises à l'avance. La *Gazette* se pâma d'aise ; elle se glorifia des tribulations de son directeur ; elle en fit, pendant un mois, la désolation et le cauchemar de tous ses abonnés.

Ce fut la grande, la seule affaire du journal. Le ciel serait tombé en éclats sur ses formes d'imprimerie, toujours grosses de panégyriques, qu'à l'exemple du juste d'Horace, la *Gazette*, n'aurait pas sourcillé. Elle déroule avec une sainte componction l'immensité des travaux auxquels se livre M. de Genoude ; elle retrace ses études ; elle en appelle à ses homélies dont déjà la ville de Provins est affligée. Elle excite, elle fouette l'opinion publique ; on la voit remuer ciel et terre ; et afin de donner quelque consistance à ses dires, écoutez-la, le 24 juillet 1837, livrer à la publicité le petit avis suivant, jeté en italique au milieu du journal, ainsi qu'un témoignage irréfragable de l'innocence de son patron.

« Lundi seront mis en vente à la librairie de la *Gazette de France*, comme preuves de la grande conspiration de M. de Genoude :

« Le premier volume des *Pères*, avec préface, discours préliminaires, et des tableaux historiques des premier et deuxième siècles de l'Eglise, par M. de Genoude.

« Le premier volume de *Wiseman*, ou Preuves de l'accord des sciences avec la religion révélée, ouvrage publié par M. de Genoude.

« Enfin le premier volume de la collection de tous les ouvrages de Malebranche, publiée par MM. de Genoude et de Lourdoueix.

« Le premier volume de la *Raison Monarchique* ne paraîtra qu'à la fin de la semaine. »

M. de Genoude avait bien pris au collet l'occasion de

faire quelque bruit, mais son nom, tout retentissant qu'il aime à le supposer, son nom s'éclipsait devant une gloire plus populaire, mieux constatée que la sienne.

Il n'y avait que dans la *Gazette* que M. Berryer ne primait pas le fantastique collecteur des pères de l'Église, l'éditeur plus ou moins hypothétique de Wiseman et de Malebranche. Là seulement M. de Genoude était le prototype des royalistes, l'atlas qui, sur ses épaules, portait le monde monarchique.

Pendant un mois, le mouvement de réforme fut entravé, le suffrage universel rejeté au magasin. La *Gazette* avait mieux à faire, mais les provinces ne répondaient guère à l'élan qu'elle donnait. On parlait beaucoup plus de M. Berryer que de M. de Genoude.

Toutes les feuilles de département s'occupaient du célèbre orateur et n'avaient que de ternes louanges à offrir au grand lama de la traduction par commissaires. La *Gazette* se mit à l'œuvre pour faire évanouir cette inégalité qui froissait son amour-propre. Vers le milieu de septembre, tous les journaux royalistes de province reçurent en épreuves, sortant des presses de la *Gazette*, la lettre suivante signée par M. Frédéric Dollé, l'un de ces jeunes écrivains qu'a fait éclore l'insufflation du génie de M. de Genoude, et qui, tour à tour gérant ou rédacteur du journal, passe sa vie dans les bureaux du journal.

Cette lettre, imprimée à l'avance comme un certificat de vie ou un passeport, parvint à l'adresse des feuilles qui devaient la reproduire. La *Gazette de Metz* gagna le prix de la course. Le 22 septembre, on lisait dans la *Gazette de France* ces quelques lignes si étonnantes de laudative franchise, et qui précèdent la lettre que nous croyons utile de mettre sous les yeux de la France, comme un curieux document de la modestie de M. de Genoude.

La lettre suivante, publiée par la *Gazette de Metz*, montrera comment on accueille en province la vérité sur la prétendue conspiration pour laquelle le pouvoir a déployé un si grand appareil de rigueurs. Rien ne manque à l'unanimité des sympathies de la presse pour les hommes dont le pouvoir a fait le but de ses mesures inquisitoriales. »

« Paris, 14 septembre 1837.

« Monsieur,

« Vous désirez savoir où en est la grande conspiration royaliste, je n'en sais rien moi-même, mais je la crois abandonnée. Il n'en restera pas moins à MM. Berryer, de Genoude, Walsh et Nettement de très-grands torts, qui, par leur accumulamation, forment une dangereuse conspiration.

« M. Berryer ose être le plus grand orateur de notre époque et employer l'influence de sa haute raison à prouver aux Français que, pendant le règne du roi, on a beaucoup moins embastillé que pendant le règne de la Révolution de juillet, et que les budgets de M. de Villèle étaient moins onéreux que les budgets présentés par les ministres de Louis-Philippe.

« M. le vicomte Walsh est allé rendre visite à d'augustes exilés et leur porter des consolations de la part de leurs amis. Il conspire en outre toutes les semaines dans la *Mode*.

« M. Nettement se permet d'écrire d'excellents articles dans la *Gazette de France* et d'attaquer les doctrines de MM. Guizot, Thiers,

Lherminier, Michel et autres grands hommes, au lieu d'employer son talent à défendre le gouvernement actuel qui en a si grand besoin. C'est intolérable.

« Pourquoi M. de Genoude invoque-t-il sans cesse le sermon de Bourdaloue sur les *restitutions*, et pourquoi dit-il toujours qu'*il faut rendre à César ce qui appartient à César*, quand il sait que *nos lois* ont aboli l'espérance ? A mon avis, M. de Genoude est le plus coupable des quatre conspirateurs, si l'on considère surtout les immenses moyens qu'il emploie pour parvenir à ses fins. Il est d'autant plus dangereux qu'il est fort habile, et que sa conduite actuelle ne dément pas sa participation indirecte au ministère de M. de Villèle, qui certes ne manquait ni d'habileté ni de dévouement aux intérêts du pays, titres qui sont autant d'attaques contre le ministère de M. Molé. M. de Genoude est, de plus, un homme infatigable ; je suis sûr qu'il ne conspire guère moins de quinze à dix-huit heures par jour ; c'est qu'il y a chez lui plus que de la persévérance, il y a de la conviction ; il sait que le scepticisme, le protestantisme, le révolutionarisme et le doctrinarisme surtout sont ennemis de la civilisation, et il veut les combattre. Pour cela, affaires, maladies, rien ne l'arrête : à tout heure il est en flagrant délit de conspiration. Tantôt il travaille à refondre une nouvelle traduction de sa *Bible*, qui était pourtant déjà une sublime réponse aux sarcasmes de Voltaire ; tantôt il revoit les épreuves de la *Raison monarchique*, qui confond par des faits historiques ceux qui ont prétendu que la France n'avait pas de constitution avant 1789 ; une autre fois il réfute ce pauvre *Journal des Débats*, qui devient de plus en plus l'hôpital des défections et le complice de toutes les infidélités.

« Ne sont-ce pas là des délits assez grands pour que la révolution de juillet en prenne ombrage ? Ce n'est pourtant pas tout : M. de Genoude sait encore que nos quarante-sept années de malentendus et de révolutions ont été produites par les encyclopédistes, par les prétendus philosophes des dix-septième et dix-huitième siècles, par tous les docteurs de fausse science et d'orgueil enfin, qui ont travaillé à démolir la religion de Jésus-Christ et la constitution de la France pour introniser quelque prince qui, comme Bayle, soit *protestant contre toutes les religions ;* M. de Genoude sait que Voltaire, Rousseau, d'Alembert, Fréret, Helvétius, Diderot, voulaient réaliser chez nous la révolution anglaise de 1688, et que pour y parvenir ils ont falsifié et calomnié les saintes Ecritures, afin de jeter le doute dans les âmes, et de s'établir ensuite les exploitateurs légitimes des décombres de la société française ; M. de Genoude sait tout cela, et voilà pourquoi il conspire la ruine de cet échafaudage de mensonges et de crimes. La tâche est immense ; mais je connais son courage, sa persévérance, son savoir, et je ne doute pas de la réussite de sa vaste conspiration, car il est dans la vérité. Voyez quels puissants instruments il emploie :

« 1° C'est d'abord la publication d'une *Collection des Pères de l'Église* (1) des trois premiers siècles de l'ère chrétienne. Par cette fidèle traduction il est prouvé à MM. les encyclopédistes et autres que l'Église de Rome est parfaitement d'accord avec la primitive Église sur les dogmes, la discipline et la morale de notre religion, et que ce que le catholicisme enseigne tous les jours dans nos églises ne dévie en rien de ce que prêchaient les saints Pères qui, par les apôtres, s'étaient inspirés aux sources mêmes du Christianisme.

« 2° Les prétendus philosophes ont soutenu que les sciences avaient montré la fausseté des Écritures relativement à la création, au déluge et à la Révélation ; ils savaient bien qu'alors personne ne leur répondrait, puisque tous les esprits étaient tournés vers la guerre, les plaisirs, de la cour ou les révolutions. Mais voilà que le grand conspirateur publie les *Discours de Wiseman* (2), qui prouvent par la science elle-même la vérité historique de ces trois points fondamentaux de nos croyances. Cet important ouvrage est une réponse sans réplique aux

(1) 12 vol. in-8°. Le premier est en vente.
(2) 2 vol. in-8°. L'ouvrage complet est en vente.

allégations philosophiques, et pour ceux qui l'ont lu et compris, l'âge du monde, l'universalité du Déluge et la Révélation ne peuvent plus faire doute, et les paroles de Moïse sont une vérité aussi bien que celles de Cuvier.

« 3° Les prétendus régénérateurs et instructeurs de l'esprit humain, Bayle surtout, avaient écarté la lecture du penseur et vraiment philosophe Malebranche, parce qu'il les réduisait au silence par des raisonnements logiques et irréfragables. Et voilà que M. de Genoude fait réimprimer *Malebranche* (1) afin que tout ce qui pense et lit puisse juger entre cette haute intelligence et ses détracteurs. Aucun écrivain n'a mieux démontré la philosophie spiritualiste ; il est impossible, après l'avoir lu, de ne pas admettre les grands dogmes de l'immortalité de l'âme, de la Révélation et de la Rédemption.

« 4° Les prétendus philosophes, qui se croyaient instruits parce qu'ils niaient tout, disaient qu'il fallait abdiquer sa raison pour être sauvé. Et voilà que M. de Genoude leur répond par la *Raison du Christianisme* (2), noble et imposant faisceau de lumières produit en l'honneur du christianisme par tout ce qui a eu de l'intelligence et du savoir dans le monde, les prétendus philosophes compris, car ils ne sont exceptés de rien, et dans cet ouvrage ils apportent leurs preuves tout aussi bien que Fénelon, Pascal et Bossuet : ce bel ouvrage est comme un temple de la vérité dans lequel ses plus grands ennemis mêmes sont obligés de lui rendre hommage.

« 5° Mais c'est la *Raison monarchique* (3) surtout qui doit mériter à son auteur la révolutionnaire indignation de M. de Montalivet. Comment est-il possible d'oser publier un ouvrage aussi contraire aux actes du ministère actuel ? Prouver par des pièces authentiques que le fond

(1) 3 vol. grand in-4°. Le premier est en vente.

(2) 3 vol. grand in-4°. Tous sont en vente.

(3) 4 vol. in-8°. Le premier paraîtra incessamment.

de notre constitution monarchique était libéral, paternel et glorieux ! qu'il y a dans l'œuvre du temps une sagesse et une logique qui n'existent pas dans les révolutions; *qu'il y a des lois fondamentales contre lesquelles rien ne saurait préjudicier*, comme dit M. Dupin; mais c'est vouloir renverser de fond en comble les principes de la souveraineté du peuple, de la nécessité et du monopole électoral actuel, si avantageux à ses auteurs.

« Telle est la conspiration que M. de Genoude a entreprise; tous les hommes religieux et monarchiques voudront avoir les pièces du procès dans leurs bibliothèques et dans leur esprit; et qu'arrivera-t-il quand les idées qu'il a contribué à répandre deviendront des faits?... Ce que votre intelligence et les lois de septembre me dispensent de vous dire.

« Agréez, etc. FRÉDÉRIC DOLLÉ. »

Voilà les parts faites, les positions prises du point de vue de la *Gazette*.

M. Berryer est un orateur.

M. Walsh un courrier de condoléances.

M. Nettement un rédacteur de la *Gazette*.

Leurs titres à tous trois se résument dans un petit paragraphe bien écourté, bien tiré au cordeau; mais à M. de Genoude la gloire et les honneurs de la culpabilité.

Vous entrez dans sa vie intime. Devant vous s'ouvre l'arcanum où il prépare *les immenses moyens qu'il emploie pour parvenir à ses fins*. On vous révèle que cet *homme infatigable a participé indirectement au ministère de M. de Villèle*.

Quand et comment? c'est ce qu'on ne prend pas la peine d'expliquer; seulement, dans l'intérêt de la pétition de réforme que signent les soldats citoyens, qu'il soit bien entendu de tous que cette participation s'est arrêtée à la dissolution de la grande armée de l'ordre public. M. de Genoude n'a pas voté cette mesure, même indirectement. Il n'a participé qu'à ce qu'il y a de beau et de bon dans le ministère des six ans. Le reste ne le regarde pas plus que ce pêle-mêle d'ouvrages édités sous son couvert, et dont on lui fait aussi gratuitement honneur que du ministère Villèle.

M. de Genoude n'accepte la gloire tarifée qu'à ce prix. On la lui vend au plus offrant. Il tâche de l'acheter au rabais. Aussi admirez avec quel art il se fait poser dans les gazettes crédules qui se chargent de représenter l'*unanimité des sympathies de la presse.*

C'est tout à la fois un Bossuet et un Mabillon. Il trouve en lui-même assez d'étoffe pour représenter un père de l'Eglise et un bollandiste, et malheur à M. Berryer dont le nom n'est cité avant le sien que comme une inutile préface égarée à la tête de quelque grand ouvrage scientifique! Malheur à MM. Walsh et Nettement, astres de troisième ordre qu'a éclipsés le soleil de M. de Genoude! La *Gazette* l'a désiré ainsi, parce que sans doute cela allait bien à son commerce. Elle a fait de cette conspiration ce qu'elle sait faire de tout. Elle l'a changée en boutique; elle poursuivra son rôle jusqu'au bout.

Quand le tam-tam de ses dolentes réclames eut retenti aux quatre coins de la France, elle se reposa quelques semaines de toutes les fatigues qu'elle avait prises pour introniser le maître; puis, le 17 décembre, à l'apparition du rapport de M. le juge d'instruction Fournerat, rapport qui mettait tous les prévenus hors de cause, la *Gazette* tendit un nouveau piége à M. Berryer.

Avec une astucieuse complaisance, elle élagua de cette pièce judiciaire, dont toutes les convenances sociales et politiques lui interdisaient la publication, ce qu'il y avait d'amer contre le député de Marseille, ce qui devait corroborer l'accusation ou donner un corps à la procédure.

Ce rapport, que le ministère ne voulait peut-être pas rendre public, fut présenté par la *Gazette* comme une œuvre informe dont elle cherchait à faire croire qu'elle donnait les passages les plus saillants.

Le lendemain, le gouvernement avait saisi les malicieuses provocations de la dévote, et le journal ministériel, après une petite note explicative sur les perfidies de la *Gazette*, reproduisait *in extenso* ce document dans lequel celle-ci savait parfaitement que la vie privée de M. Berryer avait été prise à partie, et que ses correspondances les plus intimes se trouvaient citées avec une méchanceté que n'aurait point désavouée sa charité cléricale.

M. de Genoude se récria beaucoup contre un système de corruption et de publicité dont pouvait seul être capable un ministère du milieu. Il plaignit M. Berryer si traitreusement compromis. Quand le coup fut porté, quand la *Gazette* en eut apprécié tous les résultats probables, elle couvrit le grand orateur de sa protection. Elle chercha à l'abriter sous sa soutane, afin de lui donner un jour ou l'autre le coup de grâce.

Nous avons anticipé sur les événements. Revenons encore pour quelques instants à l'année 1835.

L'attentat Fieschi est consommé. La *Gazette* qui a philosophé tout à son aise sur les cadavres des victimes, comme jadis elle dissertait, avec une pédantesque indifférence, sur celui de la monarchie, la *Gazette* est devenue sceptique à l'encontre de certaines démonstrations populaires, remerciant le ciel d'avoir épargné des têtes royales; elle a de petits entrefilets où le peuple qui fait des adresses de félicitation est immolé au peuple qui, plus tard, signera des pétitions sur la réforme. Dans son énigmatique langage, elle s'écrie :

« Lisez toutes les adresses aujourd'hui. Louis-Philippe est maintenant *roi par la grâce de Dieu* (en août 1830 pourquoi était-il donc le roi de la *Gazette*?). On voit si ce peuple va vite dans tous les sens. »

Oui, messieurs de la *Gazette*, nous allons vite dans tous les sens, plus vite que les morts de la ballade de Bürger; mais qui de vous ou de lui ne sait jamais s'arrêter? qui le pousse un jour vers l'absolutisme, un autre jour vers la tyrannie? qui lui offre la censure comme dernière limite à sa liberté, tout en disant, comme vous le

27 février 1827, quand vous défendiez ce régime exceptionnel, alors votre pain quotidien :

« Il y a des esprits qui pensent qu'il n'est si petit ennemi qui ne puisse à la longue faire beaucoup de mal. Ils se souviennent que les rats forcèrent les puissances maritimes à doubler de cuivre la carène de leurs vaisseaux. »

Et le lendemain, qui de vous ou de lui appelle le suffrage universel et proclame que tout garde national est électeur, que tout électeur est éligible?

Certes, si quelqu'un ici *va vite dans tous les sens* et s'accroche à tous les systèmes pour égarer plus sûrement l'esprit public, est-ce vous ou ce peuple dont vous êtes sortis et que vous traitez avec tant de dédain, qu'il faut en accuser?

En 1835, la *Gazette*, on le voit, n'est pas dans le meilleur des mondes possibles. Elle ne s'est pas affublée de son optimisme réformateur, et la souquenille du docteur Pangloss n'a pas encore été raccourcie à sa taille. Bien loin de là. Elle contemple le monde à travers un prisme désespérant. Elle le voit tout en laid, comme à présent elle cherche à le voir tout en beau.

De la plus indifférente de toutes les circonstances elle tire de prétendues déductions logiques qui se transforment toujours en actes d'accusation contre la société. La *Gazette* était un vivant réquisitoire qui avait sans cesse la parole à la main, accusant et condamnant ce que la veille elle avait déifié, et l'accusant et le condamnant comme elle l'avait déifié, sans motif plausible ainsi que sans argument démonstratif, sans convictions ainsi que sans passions. En voulez-vous une preuve? Écoutez.

A cette époque, il y avait dans les cachots un misérable nommé Lacenaire, dont la vie avait été celle d'un besogneux bravo, et dont la mort fut une forfanterie que, dit-on, il ne put soutenir le premier échelon de la guillotine passé. A tous ses crimes ce Lacenaire joignait la malheureuse passion de rimailler de méchants couplets de bagne. La *Gazette* eut, le 9 décembre, un spleen de moralité qui, comme la question et la torture de Perrin Dandin, lui fait toujours passer une heure ou deux au détriment de la vérité et de ses lecteurs. La voilà donc qui à propos de Lacenaire bâtit tout un échafaudage de réquisitoire contre la littérature dont, en 1833, comme vous savez, elle admirait le retour vers les idées d'ordre et de sagesse. Lacenaire, comme tant d'autres manœuvres en poésie, compose de méchants vers sur lesquels l'énormité de ses crimes appelle la curiosité.

Eh bien! aux yeux de la *Gazette*, Lacenaire est le type du talent littéraire, et elle ne rougira pas de développer ainsi cette absurde supposition.

« Dieu se venge des gens de lettres, s'écrie-t-elle. Ce sont les gens de lettres sans principes et sans conscience qui, s'enivrant de la vanité du talent, ont renversé dans le siècle dernier la monarchie française et la religion catholique. Pendant quinze ans, sacrifiant la logique à la rhétorique, ils se sont fait un jeu de soutenir le *pour* et le *contre*, d'ériger toutes les erreurs en vérités d'un jour, de servir toutes les passions. Ils ont fait une révolution, ils ont renversé la religion et le gouvernement; ils ont corrompu la morale et le goût.

« Voilà maintenant le talent littéraire tombé dans les bagnes, dans la police et dans les prisons. Voilà donc encore une idolâtrie finie, et la vérité seule obtiendra l'estime du monde. »

Les gens de lettres n'avaient pas encore sifflé M. de Genoude en chaire, selon les chansons de Béranger, mais M. de Genoude prenait ses précautions. C'était de bonne guerre, la littérature lui pardonna plus aisément cette débauche de pessimisme que ses ouvrages.

Le directeur de la *Gazette* était dans les ordres sacrés. Il disait la messe et faisait des affaires au Temple, transformé en couvent par une princesse de Condé; mais il lui fallait un second. M. de Lourdoueix se dévoua. Il fit un effort pour renoncer une seconde fois à Satan et à ses pompes, pour lesquels il a eu jadis plus d'une douce faiblesse; et tous deux, dans l'ascétisme de leur existence renouvelée, préparent les miracles qui vont changer la chair en verbe, en opposition à la parole de l'apôtre saint Jean.

A chaque renouvellement d'année, la *Gazette* a un mot consacré, une phrase qui s'applique à toutes ses doctrines, et résume admirablement son expectante béatitude

« L'année a été bonne! » s'écrie-t-elle. Sur ce thème obligé elle brode à volonté des variantes complètement en dehors des événements, mais qu'elle y rattache avec un décousu qui ne serait pas sans adresse, si la manie de prophétiser envers et contre tous ne venait se jeter à l'encontre de cette habileté, et renverser, comme un château de cartes, l'échafaudage que ces grands enfants de la politique prennent tant de peine à élever. Le 3 janvier 1836, la *Gazette* n'avait pas assez de ses prédictions; il lui fallait un auxiliaire, car les faits qui se déroulaient à cette époque ne s'encadraient qu'à contre-cœur dans ses tableaux de fantaisie.

Mathieu Laensberg fut l'Isaïe qu'elle appela pour cette année à la collaboration de ses pensées. Mathieu Laensberg lui vint en aide comme à un confrère dans le besoin. Voici de quelle manière on se servit sérieusement de lui et de son véridique almanach, car la *Gazette* ne rit guère lorsqu'elle est inspirée. Elle laisse ce soin à ses lecteurs.

« En 1830, nous apprend-elle, Mathieu Laënsberg était triste. Il ne parlait que de vents et de tempêtes, de désordres et de révolutions. On se battra, on se tuera, disait-il, nous aurons la peste et la guerre et d'énormes impôts, nous aurons un changement dans les lois, d'atroces conspirations. Juillet sera signalé par un monstre ailé et un météore lumineux.

« Jusqu'en 1836, tout cela s'est accompli.

« Nous sommes convaincus que Mathieu Laensberg ne verra rien de pareil cette année (*après l'attentat d'Alibaud et celui de Meunier*, *qu'en pense la* Gazette?) La révolution touche à sa fin. Elle ne vit plus que par les doctrinaires, et les doctrinaires sont bien malades. »

Il y a trois ans de cela, et l'on n'avait pas encore inventé l'an 40. N'est-ce pas le cas de dire à MM. de Genoude et de Lourdoueix :

Les gens que vous tuez se portent assez bien ?

Mais ce qu'il faut encore une fois constater, c'est cette étrange hallucination de vouloir enterrer ce qui est plein de vie, c'est cette idée fixe de jeter le linceul sur le nez de la révolution, et de dire toujours qu'*elle touche à sa fin*, comme si, pour l'abattre, il ne suffisait que de la massue de MM. de la *Gazette*.

Le 3 janvier 1836, la révolution touche donc à sa fin. C'est écrit, annoncé, prédit d'un ton d'oracle; mais le 27 juin de la même année le prophète a disparu. La plume qui semble disposer du destin et tenir la Providence au repos, dans son encrier, s'émousse sur une balle de pistolet.

Alibaud a frappé le roi Louis-Philippe, et cette année, qui, au dire de nos Mathieu Laensberg de la réforme, ne devait avoir pour nous que des fleurs et des moissons, cette année est rangée, même par eux, au nombre des plus néfastes.

Les cartes sont encore fausses. A une autre fois le grand jeu, le jeu infaillible !

Le 27 juin donc, la *Gazette* se donnait un démenti.

« Un nouvel attentat, dit-elle, est venu hier effrayer encore la France sur son avenir : c'est une flamme de l'enfer qui a éclairé encore une fois la situation. »

Et plus bas :

« Nous sommes comme les habitants du Vésuve. Ils voient leurs blés pousser et mûrir, les riches villas, les campagnes verdoyantes offrir l'image de la plus grande prospérité ; mais tout cela est sur un volcan (*ô M. de Salvandy, vous êtes volé!*) et les secousses menaçantes qu'il imprime au sol ne permettent aux cultivateurs ni de compter sur le lendemain, ni de jouir du présent. »

Ce nouveau crime la trouva plus disposée que jamais à prendre ses ébats d'apôtre annonçant la bonne nouvelle. A peine fut-elle remise de sa première stupeur qu'elle immola, sous elle, du même coup, et le *bonapartisme* qu'elle ressuscitait sans s'en douter, et le *doctrinarisme* dont elle faisait une puissance, et le *libéralisme* qu'elle galvanisait, et le *révolutionarisme* qui avait ses entrées à la *Gazette*, et le *voltairianisme* qui, pour mourir, n'a certes pas besoin de ses anathèmes. Elle proclama si souvent, et avec un tel discordant à propos, qu'il n'y avait plus, qu'il ne pouvait plus y avoir de partis en France, que tout était mort, tout, à l'exception cependant de la presse royaliste, seule debout au milieu de ces ruines de Palmyre improvisées, et que dans la presse royaliste il n'y avait, bien entendu, de vivace, de fort, de jeune et d'avenir que la *Gazette*, la *Gazette* de M. de

Genoude, qu'une réaction prévue se fit presque aussitôt sentir.

Le bonapartisme prit vie dans la conspiration de Strasbourg.

Les doctrinaires vinrent se retremper dans l'opposition.

Tout ce que la *Gazette* avait condamné se dressa contre elle, et menaça avec une partie de la presse royaliste, qui ne voulait pas descendre dans le tombeau sur le bon plaisir ou le visa mortuaire des pompes funèbres du journal-prêtre.

Des attaques virulentes, mais légitimes, lui vinrent de tous les côtés à la fois, du *Constitutionnel* comme de la *Quotidienne*. Les vieux voltairiens s'armèrent des sarcasmes toujours stridents de leur patriarche. Le libéralisme démontra qu'il ne devait plus mourir, puisqu'il avait sur la lisière de son camp M. de Genoude qui brûlait d'y entrer, et M. de Lourdoueix qui n'en était sorti que pour la forme.

Sous tant d'accusations, la *Gazette* continua son sillon, enregistrant les unes, dénaturant les autres et s'arrangeant des ennemis et des amis à sa convenance. Elle releva la tête avec une audace moins chrétienne que jamais. Elle s'en prit à la religion et au matérialisme. Elle chercha des alliés dans tous les rangs. Un jour, Broussais lui tombe sous la main, et d'après ce qu'elle publie le 25 avril, ne sera-t-il pas facile de juger de sa crédulité ou de son entraînement à voir tout sous le prisme le plus favorable à ses idées?

« On dit que le cours de M. Broussais est suspendu à cause des opinions matérialistes qu'il a ouvertement professées. Comme il n'y a pas un homme de ce temps-ci qui ne soit condamné à nous servir, voici une phrase de M. Broussais, etc. »

Ainsi, tout est utile à la *Gazette*, tout se trouve, de par elle, *condamné* au supplice de la *servir*. Elle tire une démonstration aussi lucide du bien que du mal; ses systèmes sont aussi bien appuyés sur la vérité que sur l'erreur. Sa base se trouve tout à la fois et dans le ciel et aux enfers. Elle est partout, elle est dans tout.

C'est le Jacotot politique et moral qui n'a pas besoin de Télémaque pour découvrir la science universelle. Aussi voyez comme elle est belle d'obscurité, comme elle scintille dans ses nuages, lorsque le 22 juin, traçant à grands traits : *la marche et les progrès du catholicisme*, elle s'écrie dans un style dont l'Apocalypse n'a peut-être pas offert de modèle à son traducteur :

« L'arc-en-ciel de l'espérance et de la réconciliation a paru au firmament : nous le voyons briller au dessus de nos têtes. Les eaux du déluge se retirent, et la colombe nous apporte l'olivier de la paix comme à la famille enfermée dans l'arche pendant le désastre universel. »

Vous ignorez, n'est-ce pas, ce que signifie cette phrase

dont les rochers de l'île de Pathmos garderont longtemps la mémoire? Eh bien! cet arc-en-ciel de l'espérance et de la réconciliation, ces eaux du déluge, ces colombes, cet olivier de la paix, images bibliques, empruntées par MM. de la *Gazette* aux saintes Écritures que M. Genoude a prises sous son patronage, tout cela signifie qu'O'Connell est un messie pour l'Irlande, comme M. de Genoude est un sauveur pour la France, un sauveur qui a fait sa fortune aux dépens de la nôtre, en attendant le calvaire sur lequel il va monter pour racheter ses dividendes. M. de Genoude est ainsi fait. Il a pour tous les partis du dévouement en seize colonnes par jour, ainsi que M. de Lourdoueix met à leur disposition son *verbe* toujours muet, et M. Couvret dit de Beauregard, ses petites malices renouvelées des allures de subordination qu'il affichait sous l'empire, alors que, commis de préfecture, il s'agenouillait sous la férule administrative de M. d'Houdetot, l'ami de la maison.

Dans les dernières semaines de la restauration, il y eut une plaisanterie du *Figaro* qui fit beaucoup rire M. de Genoude.

Le *Figaro* avait pénétré, en la personne d'un de ses rédacteurs, au pandœmonium de la *Gazette*. Le *Figaro* racontait cette visite. Le malin petit journal s'était donné pour cornac un prote de la maison, Hélène en chapeau de papier, puis passant en revue tous les écrivains qui vivaient de l'autel et du trône, il s'arrêtait devant la filandreuse individualité du futur auteur des *Lettres du Voisin*, Colnet de rechange, pauvre Élysée que n'a jamais couvert le manteau d'Élie, et il demandait :

— Quel est donc ce monsieur qui louche?

Et le prote, avec un sang-froid de cicérone, répondait par cette équivoque qui déridait toujours la charité de M. de Genoude.

— C'est M. de Beauregard!

En ce temps-là, il était permis d'être gai ; l'on espérait encore des directions générales pour les uns, une place secondaire pour l'autre. Mais lorsque la révolution de juillet eut anéanti toutes ces espérances, M. de Beauregard, qui ne pouvait plus être censeur ni porter à la *Quotidienne* un article bien acéré contre cette censure dont il n'est pas encore membre, M. de Beauregard, le serviteur de tous les gouvernements qui ont des subventions à faire dévorer, en pure perte, s'imagina, lui aussi, de faire une fin. Il s'arrangea pour avoir une conscience politique. A l'exemple de ce pauvre abbé Trublet qui, du temps de Voltaire, avait la rage

D'être à Paris un petit personnage ;

il se métamorphosa peu à peu en démon familier de la *Gazette*. M. de Beauregard en fut tout à la fois le loustic quotidien et le Débureau hebdomadaire. Tous les lundis il se donna la charge de délayer en sarcasmes inoffensifs, en coups de dents qui ne mordent guère, les aphorismes dont se gonflait la *Gazette*. Du splendide festin auquel il n'est appelé qu'après nappe enlevée, il ramassa les petites miettes qu'on abandonnait à sa causticité négative, et le *voisin* fut un grand homme anonyme qui, du haut de sa plume, jugea à son tour les événements.

Lui, une des mille incapacités sous-préfectorales de la restauration, lui destitué pour avoir frappé de l'interdit municipal quelques maires ne se prêtant pas assez vite à ses tyrannies de chef-lieu, on le vit pourfendre l'arbitraire, se mettre à la torture afin de trouver une nouvelle forme à ses plaisanteries décrépites, afin de donner un vernis de libéralisme aux épigrammes que ses ciseaux estropient aussi cruellement qu'au bon temps de la censure. Quand ce rôle pour lequel il est spécialement engagé dans les coulisses de la *Gazette* menaça ruine, M. de Beauregard, qui a traversé tant de révolutions, mit au service de M. de Genoude, son commanditaire, ses banales admirations, ses louangeuses extases, ses petits mots pointus qui ne vaudront jamais cette parole si pleine de vérité :

«Plus il s'enrichit, plus son cœur devient dur, » que nous n'avons encore jamais rencontrée dans les *Lettres à la Voisine*.

Elle est à l'adresse de M. de Genoude. Nous nous faisons donc un devoir de la lui renvoyer comme un portrait de famille égaré dont il peut réclamer la propriété.

Ce triumvirat de la *Gazette* qui a M. de Genoude pour Octave, M. Lourdoueix pour Marc-Antoine, M. de Beauregard pour Lépide, marchait donc, en 1836, par trois chemins différents à la conquête de ses chimères et à la recherche du génie qu'ils s'imposaient tous trois comme un don ne coûtant rien à leur munificence de journaliste. Ils suivaient d'un pied boiteux les oscillations de la politique, quand une occasion de se mettre encore en avant s'offrit à M. de Genoude.

Carrel expirait à Saint-Mandé, sous une balle de pistolet. La France entière s'était émue d'une fin si tragique; et Châteaubriand, qui honorait le mourant de son illustre amitié, Châteaubriand avait été déposer un dernier souvenir dans le cœur du moribond. M. de Genoude ne voulût pas être en reste avec le grand écrivain.

Le jour même, il se présenta au lit de mort du rédacteur du *National* pour que, le 25 juillet 1835, on pût lire dans la *Gazette* le plus étrange de tous les rapprochements. Le voici tel qu'il a été formulé.

« Le *Génie du Christianisme* et la *Raison du Christianisme* se sont rencontrés à la porte de M. Carrel. »

C'était une réclame *in extremis*, quelque chose de si stupéfiant que, dans la presse entière, il ne se présenta pas un homme pour abaisser l'impertinence de cet orgueil et pour arracher du soleil de Châteaubriand cette ombre parasite de M. de Genoude, essayant de cacher sous les lumineux rayons du *Génie du Christianisme* les obscures compilations de la *Raison du Christianisme* que la *Gazette* a empruntées à cent soixante-seize écrivains français, anglais ou allemands, puis qu'elle a badigeonnées pour en faire un cran de plus à la vanité de son patron. La *Gazette* ne sait-elle pas tirer parti de tous les événements? pour son compte personnel, ne s'arrange-t-elle pas aussi admirablement d'un deuil que d'un baptême, et son éloge, à elle, ne se rencontre-t-il pas aussi bien dans sa bouche à propos de la gloire de M. de Châteaubriand que de la mort de Carrel?

XI

Souvent dans le cours de cette histoire écrite avec les souvenirs de quelques uns et les heureuses indiscrétions de tous ceux qui s'occupent de la presse et des affaires, souvent nous avons dit que dans la *Gazette* il n'y avait que deux leviers politiques : la peur d'abord, la peur, avec son cortége de basses adulations, avec ses chimériques hypothèses; puis, le danger une fois esquivé, la confiance la plus dévergondée et la moins raisonnable : confiance dans les hommes, confiance dans les choses, confiance dans le sol qui tremblait tout à l'heure sous ses pas, confiance absolue, sans réflexion, et dont on se fait une arme, comme naguère on se forgeait un bouclier des soupçons qu'enfantaient la situation de la France et les révolutions dont l'Europe était travaillée.

La *Gazette* a un thermomètre variable, il est vrai, toujours soumis aux exigences de la position, toujours cédant à tous les vents contraires; mais un thermomètre qu'elle sait exploiter avec habileté. Elle s'arrange d'un événement favorable comme d'une catastrophe, c'est toujours à son point de vue qu'elle les place. Peu lui importe à elle que telle ou telle démonstration politique présage une guerre ou soit une menace d'abaissement. Pour prendre un parti dans les affaires publiques, elle ne voit ni d'aussi loin ni d'aussi haut. C'est à sa caisse qu'elle demande conseil. C'est là qu'elle puise le courage qu'elle va déployer, là qu'elle emprunte les terreurs qu'il lui semble opportun de répandre, là qu'elle apprend à quel diapason il faut élever l'esprit public, là surtout qu'elle étudie les révolutions qu'on doit flatter, les hommes qu'il lui sera utile de calomnier, les principes dont tour à tour elle est obligée de nier les conséquences ou de proclamer les bienfaits.

Sa caisse est, comme l'épée d'Achille, un oracle plus sûr que celui de Calchas. Il y a dans son vide ou dans son plein des enseignements qu'elle recueille avec plus de vénération, qu'elle commente avec plus de sagacité humaine que tous les horoscopes des hommes d'état, que les plus habiles prévisions des cabinets.

Dans les luttes des partis, au milieu de ces conflagrations, qui, depuis douze ans, ont si souvent menacé la paix de l'Europe, la *Gazette*, sans cesse à côté de la brèche, ne s'est jamais interrogée sérieusement sur l'issue de ce grand combat où la pensée, le droit et la raison se trouvent aux prises avec les mauvaises passions surexcitées.

Froide et impassible comme un de ces juifs du moyen âge qui, moyennant valable caution, prêtaient des armures et des équipages aux deux tenants pour lesquels s'ouvrait la lice des tournois, elle n'a sondé ni les reins ni les cœurs des partis qu'elle mettait en présence. On l'a vue se contenter de tâter le pouls à sa caisse et attendre sa règle de conduite de la circonstance.

Au jour des émeutes, la *Gazette* s'est improvisée la feuille officielle de l'ordre ; elle a prêché l'ordre, couvert de ses fleurs le chemin triomphal que parcouraient les gardes nationaux et la ligne, venant de lutter contre l'anarchie. Dans son arsenal de palinodies, elle a rencontré sous sa main d'ardentes paroles pour flétrir, de plus ardentes paroles pour louer ; et elle a flétri la Vendée qui prenait au comptant son opposition légitimiste, la république, qu'enivraient ses militantes homélies contre le pouvoir de juillet. Tandis que tout cela était passé au crible de la guerre civile, la *Gazette*, que le sang débordait, comptait froidement, comme un professeur d'arithmétique faisant une démonstration, les victimes que jetaient dans la tombe ou au fond des cachots les doctrines insensées dont elle a pris à bail l'exploitation. Ce jour-là, elle était de feu pour l'ordre établi; elle voulait qu'on respectât la loi, source de toute liberté; la loi était pour elle une protectrice, une sauve-garde dont sa raison avait besoin.

C'est ainsi qu'elle a toujours procédé au milieu des tourmentes, rejetant sans cesse sur les vaincus l'odieux de l'attaque, et le lendemain attaquant elle-même, quand le calme avait reparu, mais attaquant de biais, à la sournoise, et mesurant ses provocations avec assez d'adresse pour ne se trouver toujours que *légalement* compromise. Il ne s'agit jamais pour elle d'une politique de parti pris, d'une révolution à faire ou d'un vatout à jouer sur sa vie, sur sa liberté et sur sa fortune. La *Gazette* sera martyre tant que vous le désirerez, martyre de ses opinions religieuses ou politiques, martyre de ses ridicules ou de ses prophéties; mais elle tient à la vie comme un moribond, à sa liberté individuelle comme un censeur qui en connaît le prix par l'expérience qu'il en a faite au détriment des autres; elle tient surtout à la fortune par tous les misérables calculs que cette même fortune lui a coûtés. Voilà pourquoi dans ce pêle-mêle de révolutions vous la rencontrerez toujours sur ses pieds, toujours courant au vainqueur, qu'elle encense à l'heure du triomphe, qu'elle abandonne lorsque le péril est évanoui.

Cette tactique, si familière à messieurs de la *Gazette*, peut avoir sans doute son habileté et ses petits profits, mais ce n'est pas ainsi que doivent agir les partis qui ont en eux de la force et de la vie; ce n'est pas ainsi surtout que nous comprenons celui à la direction duquel la *Gazette* s'est imposée.

Jusqu'à présent, cependant, ce journal n'a pas eu d'autre politique. Nous l'avons vu torturer les événements pour en extraire quelque diminutif de fait favorable à ses systèmes; il s'est armé d'une fausse logique, d'une histoire falsifiée selon ses passions ou au gré de ses caprices. Il a dénaturé les principes, le vrai et le bon, pour y substituer des vertus de convention, une fantasmagorie où tout se confond, la lumière avec les ténèbres, la puissance avec la faiblesse, l'étude avec l'ignorance, la liberté avec le despotisme. Il a fait moisson de vieilles chartes, de constitutions antiques, de lois surannées, et dont l'application à nos mœurs est impossible, pour saper plus sûrement les chartes et les lois sur lesquelles s'appuie le gouvernement de la France. On l'a vu suer jusqu'à la raison pour inculquer aux partis les haines dont il n'osait qu'en secret se proclamer l'apôtre, et passant d'une série d'idées à une autre série, sans se rendre compte des premières qu'il désertait, sans s'interroger sur les bienfaits ou les douleurs que les autres pouvaient apporter, il a marché toujours fidèle à la fortune, toujours devant au hasard une puissance dont les légitimistes eux-mêmes sont encore plus embarrassés que le pouvoir du 7 août 1830.

C'est une déception bien amère, sans doute, que celle dont nous avons constaté les diverses phases. Nous avons suivi pas à pas l'*Etoile*, *Gazette de France*, la surprenant dans toutes les positions que l'ambitieuse ténacité de son esprit lui faisait choisir, la traquant ici, la démasquant là, l'étudiant au milieu de son ministérialisme, la suivant au vol dans son opposition; mais partout et toujours, c'est un aveu que nous devons à la vérité, nous l'avons rencontrée ne plaidant pour le ciel et la France que lorsque les intérêts de sa caisse pouvaient, sans trop de désaccord, coïncider avec ceux du ciel et de la France. C'est à sa caisse qu'elle a tout rapporté; ce sera encore à sa caisse qu'elle rapportera tout, et la fin de cette histoire sera, malgré nous, aussi triste que le commencement.

Il y a chez messieurs de la *Gazette* une idée fixe, c'est de combattre avec toutes les armes, excepté avec l'épée, le gouvernement que leurs fautes ont tant contribué à fonder, et dont ils ont été les premiers, au sortir des barricades, à reconnaître la légitimité. La *Gazette* s'est déclarée son ennemie intime, peut-être parce qu'il a dédaigné ses avances. Elle le hait dans le bien qu'il veut faire, elle le chérit dans le mal qu'il fait. Cette haine et cet amour se reportent du gouvernement sur le *Journal des Débats*, son organe habituel; c'est au *Journal des Débats* qu'elle s'en prend; c'est lui qu'elle met sur la sellette, lui qu'elle accuse, lui qu'elle excite, lui auquel toujours elle revient, tantôt par rivalité de boutique, tantôt par un instinct plus puissant que sa volonté, lui qu'elle pousse au désert comme la victime chargée des iniquités du prochain. Aussi admirez comme elle cherche à le blesser à l'endroit sensible. On dirait presque d'une feuille légitimiste. A chaque mordante satire, à tous les spirituels sarcasmes qu'inspirent aux *Débats* ses aberrations monarchico-républicaines, la *Gazette* s'acharne à coudre une lourde réflexion. C'est le douanier qui, à la frontière, attache une balle de plomb à un échantillon de dentelles. Entre la rue du Doyenné et celle des Prêtres-Saint-Germain-l'Auxerrois il y a donc guerre, guerre sourde même en temps de paix, guerre ouverte à chaque mot qui froisse l'épiderme trop susceptible de la vaniteuse *Gazette*.

La *Gazette* n'est pas l'ardente promotrice des intérêts matériels. Elle connaît les siens; n'a-t-elle donc pas assez à travailler pour leur réussite? Elle pèse dans sa balance ce que la liberté ou la servitude peuvent rapporter; voilà tout. En dehors de ce cercle commercial qu'elle rétrécit autant que possible, dans lequel elle se renferme avec un égoïsme dont le voile est parfois trop transparent, la *Gazette* a d'autres devoirs à remplir.

A la rue du Doyenné, dans ce labyrinthe intellectuel où l'on jauge les mots, où l'on met la pensée des autres en commandite, elle est industrielle le matin, industrielle en partie double; mais le soir, lorsque les comptes sont appurés, lorsque la journée a été bonne, oh! alors, la *Gazette* change de thèse. Le bazar fait place à la chapelle; le commerce baisse pavillon devant un *Agnus Dei* ou une déduction philosophique. Ne lui demandez plus à quel taux elle place ses actions. La *Gazette* a pris son masque de sainte. A chaque sinet de son bréviaire, elle invente un article pieux; dans chaque marchand chassé du Temple, elle découvre une image de ce qui se passe à la Bourse.

La Bourse est pour elle un coupe-gorge où, afin de faire des affaires, elle n'a pas besoin de se présenter en personne. Les grandes entreprises, les spéculations utiles, les projets gigantesques pouvant accroître la prospérité du pays, tout cela résonne à ses oreilles comme une timbale vide, tout cela, c'est l'abomination de la désolation que M. de Genoude prédit après Jérémie. M. de Genoude ne veut doter la France que du *droit*, de la *liberté* et de la *haute franchise*, selon ses paroles consacrées presque à chaque page de son journal. Il est riche; que lui importent à lui les besoins et l'ambition si naturelle des autres? M. de Genoude a des châteaux, mais si tous les écrivains peuvent en gagner un avec autant de facilité que lui, à quoi bon avoir passé, comme il a fait, par le creuset de tous les ministères qui l'ont voulu?

Ce n'est pas le tout de conquérir de l'or; il faut encore dominer ses égaux de toute la tête. Malheur donc à ceux qui, sans marcher sur ses traces, arriveront pourtant au même but! M. de Genoude est aux aguets; il les surveille au nom de la vertu publique; il va scruter leur fortune, compter pierre à pierre les maisons qu'ils font bâtir, sou à sou les rentes qu'ils achètent. Il expliquera l'origine de leurs richesses, il entrera de compte à demi dans leurs portefeuilles, et, d'insinuations en insinuations, il arrivera à faire publier sur les toits de la *Gazette* que c'est au détriment de la morale que semblables fortunes se sont édifiées.

En 1838, c'était le tour de M. Scribe. La *Gazette* dressait une accusation plutôt contre ses fermes en Brie que contre ses vaudevilles. La *Gazette* lui pardonnait son château de Montalis beaucoup moins facilement que ses opéras, car des vaudevilles et des opéras, qui n'en peut arranger aujourd'hui ? Mais le couplet de facture, pas plus qu'une traduction de la Bible, ne rendent point habituellement propriétaire des grands ombrages d'une villa, et M. Scribe, qui a résolu le même problème que M. de Genoude, M. Scribe, qui, du moins, l'a résolu aux applaudissements de la France, a été mis par la *Gazette* au ban de la morale publique. On ne reproche point à l'auteur de la *Camaraderie* d'avoir de l'esprit à volonté : la *Gazette* passerait aisément condamnation sur ce tort qu'elle ne partage guère; mais comment pardonner à un vaudevilliste d'avoir fait avec sa plume ce que M. Genoude a eu tant de peine à mener à bien avec son *Indirecte participation au ministère Villèle*, participation se résumant en sous et deniers de subvention, son *Étoile-Gazette* et l'*Imitation*, les *Saints Pères* et la réforme, la *Raison monarchique* et une édition de *Malebranche*.

En vérité, M. Scribe est bien immoral d'avoir gagné cent mille livres de rente en nous faisant rire avec esprit ! M. de Genoude, lui, ne sera jamais accusé de pareil méfait.

La jalousie est donc un mal qui tourmente la *Gazette* ; c'est une fièvre qui la ronge, qui lui fait rencontrer des rivaux sur les marches de l'autel ainsi que dans les coulisses du théâtre, autour de la chaire évangélique comme au milieu des bureaux où se rédigent les feuilles quotidiennes. La *Gazette* ne s'occupe ni du passé ni de l'avenir. Elle ne tient compte ni de ses erreurs ni de ses hypocrisies. Elle immole son ennemi avec le plus de componction possible. C'est avec des paroles brûlantes de charité qu'elle lui lance la première pelletée de terre. S'il est faible ou vaincu d'avance, la *Gazette* s'acharnera sur lui jusqu'à ce que mort s'ensuive, et ce qu'elle fait pour les hommes, vous sentez bien qu'à plus forte raison elle est toute disposée à l'entreprendre pour les révolutions.

Les révolutions qui la laissent sous le boisseau, les révolutions qui la dédaignent ou qui ne s'alignent pas à son commandement, sont comme non-avenues dans le Vatican de la *Gazette*. On leur interdit le feu et l'eau, et le 15 février 1837, au moment d'une crise, la voilà qui chevauche par Thiers et par Guizot, la voilà qui pronostique la fin d'une coalition à laquelle elle n'avait pas contribué.

« Lorsque nous disions, il y a six ans, que la comédie révolutionnaire se dénouerait ainsi, certes, nous ne prédisions, ni nous ne savions l'occasion et le jour des émeutes. Les collisions de Lyon, les mouvements de la Vendée, les attentats de Fieschi, d'Alibaud, de Meunier, les conspirations, le jury de Strasbourg, les discordes de MM. Thiers et Guizot, les lois d'intimidation, de disjonction et de non-révélation ; nous ignorions tous ces incidents (*esprit des prophètes, où étiez-vous ?*) Mais nous annoncions avec assurance que la coalition s'écroulerait sur elle-même, parce qu'il ne pouvait en être autrement, et il ne pouvait en être autrement parce que la grande loi, la loi universelle du talion devait recevoir son exécution obligatoire. »

Et au commencement et à la fin de 1839 et en 1842, sous le feu d'une coalition parlementaire à laquelle la *Gazette* a prêté une main que tous les coalisés repoussaient, que deviendra la *grande loi*, la *loi universelle du talion* !

Le 15 février, MM. de Genoude et de Lourdoueix se ravissaient donc mutuellement au troisième ciel sur la gloire enfumée de la comédie révolutionnaire ; trois jours après, le 18, M. de Beauregard, enflammé d'un saint zèle à la poursuite du carnaval ou las peut-être de toujours entendre prêcher M. de Genoude, montait à son tour dans la chaire de la *Gazette*. Musard avait donné à l'Opéra son bal du mardi-gras, nuit de délirante folie qui a presque autant fait couler de flots de morale que de bols de punch. Le mercredi des cendres, il fallait dignement enterrer carnaval. M. de Beauregard s'en chargea ; sous le titre : Bal du mardi-gras, écoutez comment le saint homme procède :

« Ce titre inusité dans nos colonnes doit avertir les lecteurs habituels de la *Gazette de France* que quelque fait extraordinaire nous force à rompre le silence à l'égard d'un genre de divertissement sur lequel nous nous taisons habituellement, parce que nous ne pouvons l'approuver, encore moins y prendre part. Un grand scandale en effet a eu lieu, et la clameur publique est si forte que notre devoir de publiciste nous impose de parler d'un incident qui offre en lui-même une curieuse révélation. »

A ce feuilleton de père de l'Église, la *Gazette*, le lendemain, ajoute son mot politique. Après nous avoir vingt fois appris que tout marchait au gré de ses désirs, que le ciel et la terre s'accordaient pour donner gain de cause à ses élucubrations de bonheur public, vous l'entendez faire un sombre tableau de la situation que, pour l'instant, elle a intérêt à peindre en noir.

« L'année est aux désastres, s'écrie-t-elle. Aux inondations a succédé la grippe qui couvre maintenant la France. La peste menace la régence d'Alger, etc. »

Mais que sont, grand Dieu ! toutes ces calamités mises en parallèle avec les malheurs dont, à propos de la nouvelle loi sur la garde nationale, la *Gazette* va venir effrayer les Français ! Vous savez quel est son amour pour cette institution de 1790 ? quel respect elle a toujours, même individuellement, professé pour la giberne citoyenne ? La *Gazette* a été tamerlan ; elle a anathématisé le bizet, dévolu le réfractaire à ses gémonies. Quand l'émeute grondait dans les rues et pouvait engloutir sa boutique au milieu du naufrage universel, alors elle n'apercevait que le beau côté de la médaille, elle le montrait à tous avec le même orgueil que l'habit et le long sabre de chasseur à cheval dont M. de Genoude s'était affublé. Le 1er mars 1837, comme pour donner un démenti au nom même du mois ainsi qu'à ses goûts civico-militaires, la *Gazette* n'en est plus là. La garde nationale, le palladium de nos libertés, selon ses dires, n'est plus qu'une machine à persécution qu'elle déchire avec la pointe de son sabre, qu'elle cherche à brûler avec sa cocarde tricolore.

Elle a dit jusqu'à satiété que la garde nationale était la France armée pour le salut de l'ordre et de la liberté. Vous l'avez entendue s'exclamer après l'émeute : honneur à la garde nationale ! M. de Genoude couronne son front de fleurs toutes les fois qu'un *bourgeois-soldat* appose sa signature au bas d'une pétition réformatrice, et tout à coup ces cent mille hommes qui, chaque matin, devaient entonner avec lui le psaume de fraternité ; *Ecce quam bonum et quam jucundum habitare fratres in unum*, se réveillent comme des frères ennemis. La *Gazette* énumère à ses royalistes toutes les tribulations qu'ils auront à subir, et elle peut les énumérer en connaissance de cause, car M. de Genoude, son directeur, a été le premier royaliste à les affronter.

On l'a vu, quand la loi n'était pas obligatoire, se ceindre les reins du baudrier, cacher son œil velouté sous l'aigrette tricolore, et, lorsqu'on pouvait rester bizet impunément, aller au devant de toutes ces misères militaires dont il nous fait aujourd'hui un si lugubre tableau. En 1837, d'après le sens d'un de ses articles, il y a honte aux royalistes à exécuter la loi sur la garde nationale, mais, en 1831, il n'était pas prêtre, il n'avait pas à donner à un *adjudant qui pointe* l'excuse d'une soutane : pourquoi donc devancer la loi, et, bénévole soldat, s'empressait-il d'*assister aux revues dans lesquelles viennent parader des hommes qui, pendant 15 ans, ont été en conspiration contre le trône dont il était le défenseur!*

Si nous le voulions, nos pourquoi ne s'arrêteraient pas là ; mais M. de Genoude peut-être nous répondrait comme Dieu : Mes pensées ne sont point vos pensées, et M. de Genoude aurait toujours raison. Il vaut donc mieux se placer sur un autre terrain.

———

XII

C'est à partir de ce moment que la *Gazette* règle la marche des événements, qu'elle les dirige comme avec la main, qu'elle se met au dessus d'eux, les dominant de son omnipotence, les effaçant de tout l'éclat sacerdotal qu'elle répand et sur le sanctuaire et dans le cabinet des princes ; elle règne dans la sacristie, elle trône dans les congrès. La *Gazette* est sur le qui vive, sentinelle avancée ; c'est l'ancien sergent recruteur du quai de la Féraille, qui enrôle alternativement pour la réforme et pour Henri de France, qui met en même temps sa bonne volonté au service de l'autel et aux gages du suffrage universel.

A chaque fait, quelque minime qu'il soit, quelque inaperçu qu'il se présente, la *Gazette* a cent conjectures à coudre, toutes plus impossibles les unes que les autres, cent conjectures qu'elle transforme en réalités, qu'elle donne, qu'elle tient pour des prodiges opérés par l'intercession de sa plume. Quand la politique, avec ses idées trop positives, se dérobe sous ses pas, elle s'accroche à la théologie. La théologie lui aide à débrouiller le chaos dont elle s'environne; la théologie est son Ariane qui lui offre le fil conducteur.

A toutes les objections sur les choses de ce bas monde elle répond par un argument emprunté à la Somme de saint Thomas, argument qu'elle estropie, suivant le besoin du moment, avec la même facilité qu'elle dénature Machiavel ou Puffendorf. La *Gazette* ne vit que de l'esprit des autres : elle l'a placé en commandite dans son négoce. Cet esprit, dont elle se sert par supplément, est à elle; c'est son Dieu, son avoir. Il figure à la colonne des recettes comme à celle des dépenses. Sur ce champ où elle ne peut semer que de l'ivraie, on la voit souvent recueillir quelques épis de bon grain ou flageller de ses éloges toutes les opinions dont elle a besoin. La gauche, le centre et la droite entrent en partage, mais d'une façon quelque peu disproportionnée. La gauche est une ennemie avouée, à elle donc toutes les faveurs! Mais à la droite les conseils qui souvent sont un blâme détourné. La gauche et le centre sont au contraire des maîtres qu'il faut courtiser.

Si les quelques députés royalistes égarés sur les bancs de la chambre ne sont pas trop jaloux de voir se réaliser à leur égard l'axiome ancien : Qui aime bien châtie bien, ils doivent se résigner au rôle de porte-voix de la *Gazette*. La *Gazette* leur impose sa ligne; elle pèse leurs phrases, demande compte de leurs paroles, interroge leur silence, puis base sur ses convictions à elle les convictions des autres.

Ainsi, vous n'êtes pas député ou pair de France pour avoir une opinion à vous, un système dont vos mandataires et votre conscience vous font une obligation : ce n'est point pour si peu que vous avez été élu. Vous vous devez d'abord à la *Gazette*, la *Gazette* vous a enrôlé sous sa bannière, elle vous cache dans un pan de sa soutane. Vous n'appartenez plus à votre province, à la France, à vous-même. La *Gazette* veut absorber jusqu'à votre indépendance d'homme; à son gré, il faut vous condamner, au silence ou à la parole, et si une seule fois vous trahissez le serment d'obéissance qu'elle suppose que vous avez dû prêter à son exigeante tyrannie, vous serez publiquement admonesté. On vous censurera avec une acrimonieuse indulgence, car vous aurez péché, péché envers le ciel et surtout envers M. de Genoude, ce qui est un cas bien plus pendable.

M. Béchard, le député selon le cœur de la *Gazette*, se laissa un jour aller à la tentation; il n'osa pas, malgré l'injonction reçue, prêter l'appui de sa parole à une pétition sur la réforme, ballon d'essai qui, dans une session faillit ébranler la terre. Le soir même, la *Gazette* lui faisait la leçon, le soir même elle l'accusait d'indocilité, écolier coupable qui avait cherché à se soustraire à son pensum.

Par une coïncidence fatale pour M. Béchard, ce jour-là même était un lundi, le lundi de M. de Lourdoueix. Son salon était plein des notabilités bureaucratiques de la *Gazette*, des illustrations anonymes du ciseau et de l'entre-filets. Il n'était question dans les groupes que de la désertion de M. Béchard et de la pénitence que la main de l'infaillible lui infligeait. On s'échauffait dans le vide.

Arrivera-t-il? n'arrivera-t-il pas?

A tous les visiteurs qui entraient, c'était des chuchotements sans fin. Chaque coup de sonnette donnait une fièvre de curiosité, occasionnait un redoublement d'inquiétude, car on tenait à ce que M. Béchard en personne vînt s'humilier sous la férule qui l'avait frappé. M. de Lourdoueix était sur des charbons ardents.

Onze heures sonnent; et se retournant avec un sourire de désappointement vers les auditeurs qui font cercle autour de lui :

J'avais dit, murmure-t-il, que M. Béchard n'aurait pas l'esprit de venir ce soir. Ma prédiction se réalise.

Et pour la première fois la *Gazette* prophétisait juste. M. Béchard ne fut pas assez dégagé des affections terrestres pour s'offrir en holocauste au pardon protecteur qui l'attendait. M. Béchard fut, pour quelques mois, rejeté sur le second plan de la ligne parlementaire et condamné à gagner ses éperons dans un nouveau tournoi. Il est ouvert. Reste à savoir s'il aura l'*esprit* d'aller chercher le mot d'ordre au quartier général de la réforme.

Le 10 octobre 1830, vous avez vu la *Gazette*, sous le coup de la révolution de juillet, repousser avec une ténacité toute parisienne le projet d'une république fédérative dont elle cherchait à effrayer la capitale. Vous l'avez entendue, et nous avons cité ses paroles, prendre en pitié l'avenir de cette grande ville dont, à son dire, *la splendeur et les richesses étaient un objet d'éternelle jalousie pour Lyon, Marseille, Bordeaux et Rouen.* Alors la *Gazette* admirait la centralisation; elle la prônait au détriment des provinces, Paris menaçait encore. Le 2 juin 1837, son front de bataille est changé. Paris a dédaigné sa protection; Paris n'a pas voulu s'inféoder à ses idées, se laisser entraîner sur la pente rapide qui conduit aux révolutions. L'antique Lutèce ne s'est point réveillée quand, pour lui complaire, M. de Genoude ordonnait d'exhumer ses vieux titres, elle est restée sourde à sa voix. Le 2 juin, la punition ne se faisait plus attendre. Dans un article intitulé : *Les provinces et Paris*, on lit :

« Dans quelle situation sont ces malheureuses provinces et leurs tristes cités et leurs campagnes désolées ! Tandis que tout produit autour du Parisien les illusions de la joie et du bonheur, la seconde ville du royaume est dans la détresse. Rouen, Lille, Strasbourg, Amiens, Limoges, Bordeaux même voient se tarir les sources de leur industrie; mais une cause générale de malaise, de souffrance et de tristesse, c'est l'énormité des impôts dont le poids accable la nation entière sans aucune compensation, car Paris, avec son monopole et sa centralisation, est un soleil qui dessèche toutes les fontaines en ne leur rendant qu'avec parcimonie une faible partie de ce qu'il leur a enlevé.

« Qu'importe que la France crie, qu'importe qu'elle gémisse, qu'importe qu'elle succombe aux charges qui l'accablent, qu'importe qu'elle soit pauvre et nue, ignorante et sans liberté politique! La France et les Français sont Paris et les Parisiens. »

Eh bien! en dépit du monopole électoral, qui rend Paris le dispensateur du système représentatif, voyez la *Gazette* qui, le 29 août de la même année, met au néant ses provocations insensées; et qui, dans un bel accès d'opposition contre les provinces résistant peut-être à ses injonctions et s'insurgeant contre elle à leur tour, s'écrie :

« Tous les hommes indépendants sont aujourd'hui d'accord sur la nécessité de la formation des comités électoraux. Un comité central électoral est également essentiel à la cause nationale. »

Ce n'est pas pour elle, bien entendu, qu'elle demande à Paris un comité central électoral qui mettra les votes des départements en coupe réglée, qui distribuera les candidats, et, dans la grande comédie des élections, assignera à chaque localité le rôle qui lui est imposé. Vous savez bien que la *Gazette* est en dehors du mouvement parlementaire, qu'elle refuse le serment, depuis que les électeurs mal appris ont refusé leurs voix à M. de Genoude. La *Gazette* ne combat pas ici pour ses autels et ses foyers : elle ne fait pas de cette affaire une question de personnes. C'est la *cause nationale* qu'elle brûle de faire triompher. La *cause nationale* a ses amours. En son honneur elle se dévouera à tous les sacrifices que vous exigerez; mais pour Dieu! donnez-lui le plus petit comité central électoral. Quand elle l'aura obtenu en faveur de la cause nationale dont elle s'improvise toujours le plus ardent champion, elle verra si ses efforts méritent quelque récompense, et s'il ne se rencontre pas, dans les quatre-vingt-six départements, un bourg assez pourri pour élire M. de Genoude. Cette élection serait une victoire pour la patrie, et deviendrait une mortification de plus que la *Gazette* déposerait au pied de son crucifix.

Ce projet, comme tant d'autres éclos dans l'officine du journal-prêtre, n'eut pas même un commencement d'exécution. Les feuilles de l'opposition libérale ne daignèrent pas le prendre en considération. Il venait de la *Gazette*, il portait sur son étiquette le cachet de tant de remuantes vanités. Personne ne s'en occupa. Il mourut comme il était né; mais cela n'empêcha point M. de Genoude de se couler en bronze, de s'ériger à lui-même une statue, et de varier chaque jour tous les dithyrambes de l'adulation pour attirer dans ses filets la presse révolutionnaire, dont, par dessus tout, il ambitionne le suffrage. Si le puritanisme du *Courrier Français*, pour lequel la *Gazette* a de si bienveillants sourires, se déridait seulement jusqu'au point d'accorder une louange, même restrictive, à qui lui en prodigue toutes les formules les plus exagérées, M. de Genoude mourrait sous le coup. Que le *National* dont la franchise a tant de sauvagerie, égare dans ses colonnes un compliment à l'adresse de la *Gazette*, qui fait si bien ses affaires, la *Gazette*, à l'instant même, déploiera toutes ses voiles, puis narguant les tempêtes, elle se jettera à la remorque de la république, car c'est de la république qu'elle veut obtenir un grain d'encens. C'est à ses ennemis naturels, tous comblés de ses prévenances, qu'elle désire arracher quelque chose qui, à ses yeux, puisse ressembler à un compliment. Dans chaque numéro, elle se met à deux genoux pour enlever cet éternel objet d'une convoitise qui n'a jamais été satisfaite. Il lui faut un baiser de fraternité. Heureux encore les journaux qui n'ont à redouter de sa persistance que des sollicitations sur papier timbré et par l'entremise de la presse !

Après les feuilles de libéralisme qui jouissent des grâces de la *Gazette*, il est un homme dont chaque soir elle entonne l'éloge, que chaque soir elle couvre de ses bénédictions, et ne croyez pas que cet homme soit un royaliste, un La Rochejaquelein, un Fitz-James, un Montmorency ou un Bellune. Ces noms, qui sonnent si bien aux oreilles monarchiques, ne vont pas aux expédients détournés de la *Gazette*.

Il y peu d'années, quand le duc de Fitz-James expirait regretté, honoré de tous les partis, la *Gazette* ne se décida qu'à contre-cœur, et trois jours après, à apporter son tribut d'admiration à la noble mémoire du petit-fils de Berwick.

Un La Rochejaquelein, un Montmorency ou un Bellune, c'est l'aristocratie de la gloire militaire et de la fidélité, M. de Genoude ne les comprend pas. Son homme à lui, c'est Jacques Lafitte, non pas M. Lafitte le banquier, travaillant à refaire sa fortune dévorée au service des révolutions; mais le citoyen Lafitte, s'arrangeant à son temps perdu une démocratie, comme naguère il se préparait un trône sur les ruines de celui de Charles X qu'il dispersait.

Aux yeux de la *Gazette*, M. Lafitte est lavé de sa grande conspiration contre le principe de la légitimité, absous de la part immense qu'il prit aux événements de juillet. La maison Lafitte l'a emporté sur la maison de Bourbon. La caisse du payeur de la grande semaine a vengé M. de Genoude de la reconnaissance qu'il devait à la restauration. M. Lafitte, qui ne sera plus ministre, essaiera, en désespoir de cause, de réveiller des passions assoupies, de galvaniser quelques réformistes de la rue. On dit même qu'un jour il a soldé, par une politesse qui ne coûte rien, les obséquieuses avances de la *Gazette*.

C'est donc M. Lafitte qui est son parangon. Elle a foi

en lui, quand lui-même n'a plus foi en son crédit révolutionnaire ; c'est sur M. Lafitte qu'elle s'appuie, M. Lafitte qu'elle acclame, M. Lafitte que tantôt à mots couverts, que tantôt à pleine voix, elle pose comme le futur directeur de la France réformée. Elle tourne autour de ce point, elle s'acharne à rapetasser cette gloire des trois jours que les années ont moins usée que son ministère.

Elle la grandit outre mesure, elle lui sert de porte-enseigne, et savez-vous pourquoi, en dépit des répugnances royalistes, la *Gazette* épouse si chaudement les intérêts du banquier constitutionnel ?

Hélas ! c'est que M. de Genoude et M. Lafitte sont hommes et hommes soumis à toutes les faiblesses de l'humanité. Ils se sont mutuellement caressés de ces sourires, de ces paroles, que tous deux prennent si vite au comptant. M. Lafitte a été un grand politique aux yeux de M. de Genoude ; devant M. Lafitte, M. de Genoude est apparu comme la raison monarchique passée sur un levain de radicalisme financier. Il n'en a pas fallu davantage pour les ravir tous deux dans les extases de leur amour-propre toujours prêt à prendre feu. M. de Genoude tente tous les jours de faire accepter aux royalistes M. Lafitte comme le lien d'une transaction rêvée par son orgueil ; mais M. Lafitte qui n'a pas à lui d'organe avoué pour rendre avec usure les honneurs qu'il reçoit dans la *Gazette*, se contente du huis-clos et ne pactise avec le grand réformiste que de ses vieux décrets ou de la banalité de ses promesses.

Personne n'est dupe de ce petit manége, excepté la *Gazette*; elle a été prise par l'endroit sensible, par la vanité.

Ce n'est pas, on le sait bien, une analyse de chaque numéro de ce journal que nous avons entreprise ; nous ne voulons pas, nous ne pouvons pas la suivre dans toutes les théories fantastiques de ses rêve-creux, dans tous les tristes enfantements de sa polémique sans cesse à côté des événements. Pour l'homme qui raisonne, la *Gazette* est devenue le type le plus complet de la suffisance se pavanant dans la chimère qu'elle a conçue, se gonflant du vent qu'elle fait et se chauffant en pleine nuit au soleil qu'elle a cru placer au dessus de sa tête.

Les esprits politiques sont arrivés à l'accepter ainsi ; elle n'a pas plus de poids dans la balance que la feuille la plus éphémère. On ne la compte plus que pour mémoire, lorsqu'encore on lui fait l'honneur de la compter. C'est une vieille femme radoteuse et édentée qu'on supporte dans un coin du foyer, et aux divagations de laquelle on n'accorde une oreille distraite que pour l'empêcher de mourir frappée d'une apoplexie de silence.

Pendant toute cette année de 1838, comme pendant celles qui la suivirent, elle remplit ce rôle; elle se traîna sur les vieilles routes qu'elle avait déjà si souvent parcourues, elle usa ses systèmes déjà usés, elle reprit en sous-ordre tous ses impraticables projets aussi battus en brèche que l'*impraticable paix du bon abbé de Saint-Pierre*; elle ressassa ses arguments épuisés; mais à son arc elle ajouta une nouvelle flèche.

La *Gazette* n'avait, depuis 1830, adulé que le peuple souverain, et ce temps lui avait été nécessaire pour perdre ses allures de courtisan, ses souvenirs d'une autre époque; mais elle s'employa si bien qu'un beau jour, le 2 octobre 1838, elle se réveilla avec toutes les hyperboles adulatrices de l'ancien Œil-de-Bœuf, à l'esprit près. Et savez-vous contre quel front allait se briser un encensoir aussi souillé? devinez-vous quelle grandeur passée ou future le journal-prêtre osait habituer à la fadeur de ses éloges pour la perdre comme il en perdit tant d'autres?

Il y a maintenant dans l'exil un jeune prince né sur les marches du trône de France, un prince qu'on dit bon, instruit et formé à l'école du malheur. Ce jeune prince, dont les destinées sont encore un mystère, n'a jusqu'à présent pour toute auréole que les infortunes de sa famille et une éducation achevée près de la tombe de son aïeul Charles X. Eh bien! c'est à ce jeune homme qui ne connaît de nos malheureuses dissensions que le contre-coup dont sa famille fut frappée, c'est à cet enfant, qui devrait vivre dans l'étude, en bénissant l'exil qui lui permet au moins de retremper son âme dans l'adversité, c'est à lui, proscrit, que la *Gazette* adresse son encens, corrupteur des meilleures natures.

Le 2 octobre, voyez-la se plonger dans la fange de ses flatteries qui, nous l'espérons, seront tombées sur un caractère qui en pouvait mesurer la misérable portée, et dites-moi ce qu'il faut penser d'une feuille publique jetant ainsi à la tête d'un jeune homme des louanges dont Louis XIV ou Napoléon n'auraient accepté l'hyperbolique bassesse que sous toutes réserves de droit; et cela se renouvelle chaque année, chaque mois, presque chaque jour, sous un titre quelconque, et cela à la face du parti royaliste qui ne proteste que par son dédain.

«Vous êtes né le jour de Saint-Michel, exclame la *Gazette* à M. le duc de Bordeaux. Les hommes qui ont eu le bonheur de vous approcher disent que vous êtes beau et fort, que vous avez l'esprit juste et le cœur bon. On ajoute que vous avez une instruction vaste et solide, que vous connaissez parfaitement l'histoire de notre pays, ses institutions et l'esprit de ses habitants; que les rapports anciens et nouveaux de la France avec les nations européennes vous sont familiers; que vous possédez la théorie du grand art de la guerre, que vous êtes aussi bon mathématicien qu'un élève de l'Ecole Polytechnique, instruit dans les sciences et dans les lettres; que vous êtes bon, affable, généreux; enfin que, sur la terre étrangère, vous représentez votre noble famille avec autant d'éclat que si vous n'aviez pas quitté le château des Tuileries. Il y a donc à se réjouir et non à s'affliger des circonstances qui ont concouru à vous donner cette éducation forte, cette trempe de l'âme et du cœur qui feront de vous quelque chose de plus qu'un prince : un grand homme. »

Un grand homme! nous ne demandons pas mieux. Le siècle en est si avare; mais pour l'évoquer, M. de Genoude croit-il qu'il suffira de sa volonté ou de sa parole? Bossuet et Fénelon ont pris des enfants de roi sous la protection de leur génie, mais ils se gardaient bien, les profonds écrivains, les hommes politiques, les pieux prélats qu'ils étaient, de gangrener des cœurs si facilement portés à se laisser corrompre par le venin de la flatterie. Ils ne tenaient pas ce langage aux fils de Louis XIV triomphant de l'Europe armée contre lui; Bossuet et Fénelon n'avaient, il est vrai, rien de commun avec l'abbé Genoude.

Ce n'est pas un grand homme que ce dernier désire voir en M. le duc de Bordeaux. Tant que la France jouira de la gazette qu'il fabrique, des chartes qu'il arrange et des sermons qu'il débite, elle n'aura pas besoin d'en chercher d'autres; un seul lui suffira. L'abbé Genoude sait où aller le prendre; mais il faut être courtisan en temps opportun, il faut prêter à usure l'adulation qui étouffe les plus brillantes facultés, l'adulation qui peut faire d'un enfant exilé une ombre de roi se soumettant à toutes les capricieuses exigences d'un Richelieu réformiste. M. de Genoude s'accommoderait assez de ce double rôle. La république, qu'il a voulu séduire, a dédaigné ses avances; n'est-il pas urgent qu'il les exploite au détriment d'un autre ordre de choses?

Il a flétri de ses prophéties après coup la prise d'armes que madame la duchesse de Berri ordonnait dans l'Ouest en 1832; n'a-t-il pas à se faire pardonner par le fils les cruelles ignominies dont il essaya de couvrir la mère?

Henri V sera un grand homme! s'écrie M. de Genoude; nous en acceptons l'augure; mais que cet horoscope ne tombe pas comme tant d'autres dans le ridicule, que surtout il n'aille pas se perdre dans cette mer de prédictions sans fond et sans rivage sur laquelle navigue la *Gazette*.

Et puisque nous en sommes sur ce chapitre, n'oublions pas en passant un des plus curieux épisodes de l'histoire de ce journal.

M. de Genoude n'a pas seulement traduit la Bible. Vence et Sacy l'avaient fait avant et beaucoup mieux que lui; mais il s'est inspiré de l'esprit d'Isaïe, mais il s'est, bon gré malgré, caché dans le manteau que Élie ne lui avait jamais abandonné, et il prophétise au jour le jour, annonçant sans fin des événements qui n'arrivent jamais. C'est le cartomancien le plus infatigable que l'école de Nostradamus ait produit. Lorsque les cartes sont fausses, et cela ne manque jamais, le Jérémie de contrebande prend la plume. Dans son style apocalyptique, il commente, il ajourne, il accélère, il édifie ou démolit. Quand sa tâche est remplie, malheur à qui vient glaner dans le champ qu'il croit avoir fécondé par ses sueurs!

Un des écrivains de la *Gazette* se permit une fois de jucher sur le trépied où s'asseoit cette pythonisse d'Endor en bonnet carré. Il avait, pour complaire au directeur, rapetassé, tant bien que mal, certains centons d'un Césaire quelconque, et l'œuvre à peine ébauchée, la présentait à acceptation. A la lecture de cette prophétie qui renversait tous ses plans, M. de Genoude sourit. Nous étions en 1831. M. de Genoude affichait encore son civisme de garde national à cheval sous les ordres de M. de Montalivet, et d'un trait de plume corrigeant saint Césaire et son collaborateur, il s'écrie : — Prédire une révolution pour 1832, c'est beaucoup trop expéditif, mon cher, je vous la porte en 1835. Tout compte fait, cela donne quatre ans de répit à la Providence, et m'arrange beaucoup mieux.

En 1835, la prophétie ne rata que de quelques lignes ; Fieschi avait mal ajusté.

XIII

La *Gazette*, on le voit, n'est pas infaillible; mais, en revanche, ses bonnes haines de dévote ne font pas grâce même à l'agonie ou à la mort. Tout à l'heure elle vient de noyer dans un déluge de flatteries la jeunesse inexpérimentée du duc de Bordeaux, cinq jours après, le 7 octobre 1838, elle accourt s'acharner sur un cadavre qu'elle croit enveloppé du linceul mortuaire. M. de Blacas était à toute extrémité; or la *Gazette*, qui se l'est donné pour ennemi, la *Gazette*, qui a peut-être sur le cœur quelque refus de subvention, ou un méfait d'incrédulité à son encontre à reprocher à M. le duc de Blacas, se prend à danser sur le lit où se débat avec la souffrance l'ancien ministre de Louis XVIII, et elle dit :

« La *Gazette d'Augsbourg* annonce que M. de Blacas a reçu les derniers sacrements, et qu'on n'a plus d'espoir de conserver ses jours.

« La coïncideuce de cette maladie avec la majorité de Henri de Bourbon est un fait des plus remarquables. »

Cette petite réflexion ne forme que deux lignes, mais que ces deux lignes si artistement combinées ont dû chatouiller ses haineuses cruautés ! comme elle s'est estimée profonde politique ! comme son front a dû s'illuminer lorsqu'elle a médité cette coïncidence des plus remarquables dont M. de Blacas a rappelé, pendant plus d'un an, ainsi que chacun rappelle des prophéties de la *Gazette.*

Elle en avait une de plus à se faire pardonner. Le 10 novembre de la même année, elle retombait dans son même péché et elle y retombait à propos de la Chambre des députés.

« Ceux qui disent que la Chambre sera sans caractère politique et que la faiblesse est un vice radical dont on ne peut se corriger, ne font pas attention que la situation de cette Chambre est tout à fait changée à l'égard du pouvoir depuis les pétitions de la réforme.

« LA CHAMBRE NE PEUT PLUS ÊTRE CASSÉE. »

Cela est dit, est écrit en toutes lettres, cela a passé au creuset de tous les Ézéchiel de la rue du Doyenné, a été soumis à la censure de M. de Lourdoueix, à l'approbation de M. de Genoude, et tous se sont écriés : La Chambre ne peut plus être cassée !

Moins de trois mois après, le 2 février 1839, M. Molé leur donnait un démenti. La Chambre était cassée par autorité ministérielle. C'était tout ce que la *Gazette* gagnait avec ses pétitions de la réforme.

Mais comme il est interdit aux événements de la prendre au dépourvu, M. de Genoude alors s'ingéra d'un nouveau moyen. Il inventa un comité réformiste, un comité modèle où toutes les sommités de la vieille monarchie étaient embrigadées. M. de Lourdoueix fut une sommité, M. de Beauregard une autre sommité, et, Dieu lui pardonne, il y eut jusqu'à des hommes inconnus même dans leur village qui trouvèrent place dans ce pandémonium en qualité de sommités politiques.

Après avoir créé son monde, M. de Genoude fit comme Dieu, il se reposa. Le comité, ainsi que tant d'autres façonnés dans les ateliers de la *Gazette*, fut un mythe, car le parti légitimiste est ainsi fait. Pour ne pas se déranger de ses habitudes, de ses plaisirs ou de ses regrets, il accepte comme parole d'écriture tout ce qu'il plaît à l'imagination des brouillons de la *Gazette* de lui imposer. Il ne réclame contre elle que dans ses huis clos, mais là, au milieu de ses salons, à son whist ou sous les tourelles de ses châteaux, entendez-le s'en donner à cœur joie sur les chimères de la *Gazette*; écoutez-le, lui qui, seul en

France, semble avoir gardé avec le souvenir du passé l'heureux secret d'une fine raillerie et d'une spirituelle conversation, prendre ses joyeux ébats, se donner ses coudées franches sur l'omnipotence de la *Gazette* ! Il n'y a jamais pour elle d'épigrammes assez acérées, de bons mots trop poignants, jamais trop de plaisanteries qui mordent jusqu'au sang.

La *Gazette*, c'est pour eux ce que Triboulet était à François Ier et l'Angély à Louis XIII. Ils ont pris la sonnette de M. de Genoude pour l'attacher au bas de sa soutane. On rit de ses homélies, on ne lit pas ses compilations, le parti légitimiste a du goût, on ne les achète même pas, mais sur ce chapitre M. de Genoude est intraitable. Lorsqu'on a bien berné l'outrecuidance du moine journaliste, lorsqu'on a livré ses aspirations séraphiques, ses calculs usuraires, ses pantagruéliques appétits de pouvoir à la malice des jeunes femmes, aux sardoniques gravités des douairières et au bon sens des hommes, alors, tous satisfaits de cette vengeance bien innocente, lui lâchent la bride sur le cou et le laissent égarer le troupeau dans des marais pestilentiels.

Le pasteur connaît toutes ces petites trahisons dont le désabonnement vient lui divulguer le progrès, et le pasteur n'en poursuit pas moins sa course. N'a-t-il pas une mission à accomplir ? n'est-il pas mis sur la terre pour servir, comme Jésus-Christ, de jouet aux pharisiens et pour les sauver malgré eux ? La *Gazette* en a pris son parti. Elle régente en public, elle est sifflée en secret, mais c'est pour le public que l'on invente des comités. Aussi, le 20 février 1839, lorsqu'à grand renfort de *cicero*, elle accouplait le duc de Noailles à un clerc d'avoué, le marquis de Dreux-Brézé à un avocat de troisième ordre, la *Gazette* usait-elle largement du privilége dont elle a le droit d'abuser.

Vous savez comment elle fait ses affaires? Nous avons même dit de quelle manière elle s'y prend pour les faire faire par ses concurrents; il nous reste à raconter comment peu à peu elle agrandit son négoce. L'abbé Genoude a étendu son cercle d'apostolat. De la chaire de Provins, il s'est élancé dans celle de Meaux, retentissante encore, hélas! de la voix de Bossuet. De Meaux, il a jeté son dévolu sur les églises de Saint-Philippe du Roule, de Notre-Dame de Lorette et de Saint-Sulpice. Le Massillon surnuméraire s'est jeté, pour le salut du prochain, dans la voie que Musard et Dufresne se sont ouverte. Il a adressé ses invitations personnelles avec vignettes et culs-de-lampe, comme pour un bal masqué ou une fête de nuit vénitienne. Il a convoqué le ban et l'arrière-ban de sa rédaction, depuis le prote jusqu'à l'apprenti de l'imprimerie Sapia, tout a été mis en réquisition. Un préfet de l'empire, à la recherche des conscrits, n'eût pas flairé le réfractaire avec autant de perspicacité. Il a fait nombre et masse par ce *compelle intrare* d'une nouvelle espèce.

Des primes d'encouragement sont accordées aux natures que rien ne peut assoupir, aux têtes qui peuvent, sans tomber de sommeil, supporter le fardeau d'une homélie-Genoude. Lorsque tout cela, de gré ou de force, a composé une sorte d'auditoire, l'abbé pérore, et le lendemain la *Gazette* s'abîme dans ses extases. Bourdaloue est dépassé. A côté du puissant prédicateur, Chrysostôme lui-même, le saint Jean bouche d'or, ne serait qu'un enfant de chœur.

A preuve, lisez ce que tous les journaux royalistes publiaient du 15 au 17 novembre 1839. Nous prenons au hasard une réclame sortie de l'officine de la *Gazette*, réclame qui est rentrée dans ses colonnes avec tous les honneurs de la guerre.

« L'église de Saint-Sulpice et celle de Saint-Louis-d'Antin ont réuni, dans ces deux dernières semaines, une nombreuse assistance qui s'est émue et attendrie à la voix de M. de Genoude, déroulant le bonheur des élus. Jamais, on peut le dire, la théologie chrétienne n'avait envisagé de plus haut ce grand et difficile sujet. Les joies du ciel transpiraient dans le discours de M. de Genoude, et les âmes de ses auditeurs s'épanouissaient sous les gouttes de cette céleste rosée que l'éloquent prédicateur semble avoir tirée de ces trésors de délices « que l'œil de l'homme n'a point vus, que son oreille n'a point en- « tendus. »

Et avouer qu'après ce coup de tam-tam de si prodigieuse force, dont la *pommade du lion* ou *la seringue plongeante* se garderait bien de mettre à profit le charlatanisme, personne n'ait osé coudre le grand mot, la phrase sacramentelle :

QU'ON SE LE DISE !!!

qui irait si bien *à ces joies du ciel transpirant* et *aux gouttes de cette céleste rosée.*

Ce qui se fait pour la chaire s'arrange encore mieux pour la politique. Ne faut-il pas que partout le nom de M. Genoude soit glorifié?

Se publie-t-il un Dictionnaire de la conversation, une Biographie du clergé, un Plutarque moderne, une Galerie des hommes de la presse, la *Gazette* qui, du fond de son sanctuaire, est à l'affût de toutes les nouveautés marchandes, y trouve aussitôt un introducteur. Elle s'y glisse par une annonce au rabais, s'y établit de plein pied par une complaisance gratis, puis au jour donné elle présente son directeur. Elle en laisse discuter le mérite, elle en tarife l'éloge, et, en échange d'un banal remerciement, elle vous impose trois ou quatre grandes pages de panégyrique comme un homme de la *Gazette* peut en écrire lorsqu'il s'agit du maître. M. de Genoude, affirme-t-on, n'a pas besoin de cette nouvelle célébrité; c'est à son insu que l'on traite. Sa modestie répugne à l'éloge même de l'impartialité; mais qu'un entrepreneur de biographies recule devant cet impôt qu'il n'avait pas compté dans ses charges, qu'il résiste à ces avances pleines de coquetterie, alors le *Deus ex machinâ* des anciens apparait. M. de Genoude en personne intervient. A force d'obsessions ou de fallacieuses promesses, il gagne sa cause, et son nom resplendit au milieu des gloires contemporaines de tout l'éclat qu'il s'est donné.

En faveur de tous ces commerces de vanité, la *Gazette* ne manque jamais de croupiers. S'il se trouve un homme taré sur le pavé de Paris, quelque pauvre hère dont la conscience soit élastique et la bourse vide, de ces gens qui trafiquent de Dieu comme du diable, et qui, pour toute foi, n'ont qu'un besogneux égoïsme, ne craignez rien, il y a toujours un chemin qui, de toutes les ruelles, aboutit à la *Gazette*. Ils y arrivent comme les Hébreux chassés d'Égypte arrivaient sur la terre de Chanaan; la *Gazette* est pour eux l'endroit de rafraîchissement et de repos, le lieu d'asile où ils se retirent comme au temps du moyen âge. Ils y dressent leur tente voyageuse, ils servent avec ce dévouement aveugle qui a besoin du feu et du sel, et quand la *Gazette*, qui ne veut s'entourer que d'esclaves, leur a bien rivé la chaîne au cou, lorsqu'elle a tiré d'eux tout ce qu'elle en espérait, elle les jette à la porte en maudissant sa charité spéculatrice ou en répudiant leur intervention salariée, dont en public elle rougira.

La *Gazette* l'avoue à qui veut l'entendre : elle n'a jamais fait que des ingrats.

La *Gazette* qui a eu ses beaux jours, et qui aurait pu longtemps encore exercer une salutaire influence, s'est condamnée elle-même à un lent suicide. Elle a trahi tous les dieux, déserté tous les autels, et le *fiat lux* que sa parole morte devait faire vibrer aux oreilles du catholicisme, a été aussi inutile que ses prédictions, aussi improductif que ses rêves de réforme. La *Gazette* a perdu toutes les causes auxquelles elle fut attelée, elle a tour à tour, et par des motifs tout personnels, renié plus de trois fois les hommes à l'imprévoyante bonté desquels elle devait sa fortune; puis Simon Barjone sans repentir, lorsqu'ils entendirent le coq gaulois chanter, MM. de Genoude et de Lourdoueix n'osèrent pas comprendre que ce chant était pour eux un signal de pénitence. Ils se sont raidis dans cet orgueil qui les avait déjà compromis. De chute en chute, les voici maintenant arrivés à cette confusion des langues qu'il est impossible d'expliquer. Sysiphe politique qui doit incessamment rouler sur lui-même, la *Gazette* tourne dans un cercle de contrastes dont elle seule n'a point sondé l'abîme. Sans pensée ainsi que sans but, elle va de l'un à l'autre, demandant à celui-ci un projet, à celui-là un emblème; substituant une idée creuse à un mot vide de sens, et se nourrissant d'illusions quand, autour d'elle, tout s'écroule. . . . .

Ce qu'elle a fait en politique, elle est toute disposée à le pratiquer en religion; mais là, par bonheur, il se présente une autorité vigilante qui oppose des digues à l'erreur se cachant sous le manteau d'un mysticisme adultère, une autorité qui pressent les dangers et signale au loin les écueils. M. de Genoude est un homme qui prêche l'égalité devant la loi, qui la réclame avec insistance, mais qui, au fond du sanctuaire, a besoin de faveurs, et fait à son amour-propre litière de monopoles et de priviléges sacrés.

Sous M. de Villèle, le directeur de l'*Etoile* s'était mis au régime des abus. Pour lui, il fallait en créer de nouveaux, en ressusciter d'anciens. M. de Genoude conçut le projet d'entrer dans les ordres avec sa *Gazette*, il ne se départit point de ces conditions exceptionnelles qui sont, pour ainsi dire, nécessaires à son existence politique ou religieuse.

Trois années de séminaire, trois années d'études graves et sérieuses sont imposées par les lois canoniques à tous les laïcs qui se présentent à la porte du temple. Pendant ce temps de retraite, le clerc se dévoue à l'humilité et au silence; mort au monde, il s'essaie aux difficiles vertus que l'on exige dans un prêtre, il prie, il travaille. M. de Genoude n'avait pas besoin de prières, il se crut dispensé de travail.

C'était pourtant une excellente occasion pour lui d'apprendre l'hébreu et de traduire sérieusement la Bible, car M. Garnier vit encore.

Mais M. de Genoude fit valoir les grands intérêts politiques et moraux qui étaient confiés à sa prudence, il demanda comme il sait demander, c'est-à-dire il arracha à monseigneur l'archevêque de Paris le privilége du sacerdoce, sans passer par les épreuves cléricales du séminaire. Ce fut une nouvelle victoire pour son humilité, mais dans cette victoire même il se glissa des amertumes. M. de Genoude connaissait sans doute aussi bien que nous les motifs qu'à cette époque un vicaire général de Paris faisait valoir près de M. de Quélen pour le détourner d'une concession inusitée dans l'église.

« Vous consentez, de guerre lasse, monseigneur, disait ce sage ecclésiastique, à ce que M. de Genoude soit prêtre, sans avoir dans un séminaire appris l'obéissance et la pratique des vertus chrétiennes. Je dois pourtant faire remarquer à votre grandeur que deux ecclésiastiques français ont seuls, par des raisons que je ne connais pas, obtenu cette dispense. L'un est M. de La Mennais, et l'autre un abbé dont le schisme désole le diocèse de Lyon. Je vous souhaite plus de bonheur la troisième fois. »

Des journaux religieux, qui doivent connaître ces détails, ont, à diverses reprises, ouvert avec la *Gazette* une polémique d'où elle est sortie plus souvent meurtrie que triomphante. Au dedans comme au dehors, on lui a fait une guerre acharnée, incessante et juste pourtant.

Sous tant d'accablantes démonstrations, battant en brèche ses systèmes néo-chrétiens, vous rappelez-vous bien ce que répondait la *Gazette*?

Lorsque M. de Genoude voit une querelle mal engagée pour lui et qu'il a mesuré le fort et le faible de l'attaque et de la défense, M. de Genoude se trouve, comme en juillet 1830, saisi de l'amour des soins champêtres. Il a la passion des bois et de la solitude. Il court ensevelir sous les ombrages de son château les soucis de la politique et les soins de la religion. Il abandonne à M. de Lourdoueix le fardeau de la défaite.

M. de Lourdoueix l'accepte et il ferraille en conséquence. Or donc, les choses étaient arrivées à ce point avec l'*Univers*. La *Gazette* était battue, religieusement parlant. Elle allait rester sur le carreau, lorsque le hasard, la providence de la réforme et de la *Gazette*, vint à son secours.

Le pape envoyait à M. l'abbé Genoude une petite médaille d'or ou d'argent. A la réception de ce cadeau offert par la cour de Rome à tout écrivain qui met son œuvre aux pieds du souverain pontife, M. de Lourdoueix qui, du temps de sa direction aux beaux-arts, violentait l'Académie française pour lui faire décerner des prix de morale à des Madelaine qui ne peuvent plus pécher, trouva dans cette minime circonstance un argument en faveur des principes de M. de Genoude, et il s'écriait :

« Vous accusez le maître d'hétérodoxie, et le maître est si bien en cour de Rome, qu'aujourd'hui même il reçoit les plus précieuses récompenses de ses travaux pour la foi. »

L'auteur des *Folies du siècle* signait cela de son nom, ni plus ni moins que s'il eût émargé un registre de fonds secrets ou le livret de la censure.

— Mais lui disait un plaisant, le pape a voulu rire, et ce témoignage d'estime, d'affection et d'encouragement de la part de Rome ne signifie rien, car, presque au même instant, le souverain pontife honorait d'une pareille faveur Clot-Bey, le médecin de Méhémet-Ali.

— Qu'importe, répliqua M. de Lourdoueix, le coup est porté, et, en bons gallicans que nous sommes, nous ne croyons à l'infaillibilité de Rome qu'autant que cette infaillibilité nous sert. C'est un prospectus que j'ai lancé. Clot-Bey a le droit d'en faire autant en Égypte.

Et le catholicisme de la *Gazette* vit encore aux crochets de cette bienheureuse médaille que le saint-siége accorde avec presque autant d'inattentive profusion que la croix de l'Éperon-d'or.

Pour faire triompher ses idées religieuses, pour mener à bonne fin ses principes politiques, la *Gazette*, on le sait de reste, n'a pas deux balances. Elle est une, l'unité germe dans son sein; l'unité, c'est sa boussole, son espérance, son moyen et sa fin. En religion, vous l'avez vue procéder; en politique, vous pouvez chaque jour la regarder à l'œuvre.

Ainsi la guerre civile en Vendée est pour la *Gazette* un cauchemar. Elle *n'est pas coupable des folies et des violences*; elle le déclarait le 7 mai 1832; mais en Espagne c'est une autre affaire. La guerre civile au-delà des Pyrénées ne peut jamais lui donner de craintes sérieuses, de terreurs personnelles. Il y a mieux, c'est un débouché tout trouvé à ses prédications et à ses prophéties. Toujours conséquente avec son égoïsme, elle a donc contribué à étouffer l'insurrection royaliste dans l'Ouest et, autant que sa phraséologie a pu le lui permettre, réchauffé le principe d'insurrection dans les provinces basques.

A don Carlos de Bourbon, qui n'a pas su tenir l'épée de Cabrera, elle a prédit les enivrements de la victoire, les conquêtes et la paix. Pendant cinq ans de luttes intestines, la *Gazette* a été le *Moniteur* qui prenait à bail, au profit de la légitimité espagnole, le mensonge et la duplicité. Elle a eu des *Te Deum* pour les défaites qu'elle transformait en succès, des palliatifs pour les trahisons qu'elle arrangeait en variations de fidélité. On l'a vue tenir boutique de lauriers pour en couronner la tête du seul roi qui, selon elle, savait regarder en face les révolutions. Elle a glorifié les uns, rapetissé les autres, vingt fois proclamé que le salut de toutes les monarchies était dans le fourreau de l'épée de Sa Majesté Charles V, vingt fois annoncé qu'il n'y aurait plus de Pyrénées aussitôt que don Carlos serait à Madrid, à Madrid affamé de revoir son roi. Elle a dit tout cela avec cette obscurité emphatique qui ne l'abandonne jamais ; mais un jour, jour que ses prophéties n'avaient jamais prévu, don Carlos vint demander un refuge à la France.

La *Gazette* avait tout attendu de lui. Elle avait placé ses plus chères espérances sur cette tête que n'effrayait aucun danger. A la nouvelle de la déroute, ne craignez pas qu'elle perde l'étrier. La guerre civile est condamné par l'événement. La *Gazette* la condamne à son tour. Voici en quels termes. C'est le 21 septembre 1839 qu'elle s'écrie :

« Nous avons toujours pensé qu'aucune restauration monarchique en Espagne et en Portugal n'était possible tant que la France serait en révolution, et quand le procureur du roi de Louis-Philippe vint nous faire une visite domiciliaire, il y a eu deux ans au mois de juillet, parce que M. de Montalivet supposait alors que nous conspirions en France, exaltés par le mouvement de don Carlos sur Madrid, nous lui dîmes, à son grand étonnement, que nous ne désirions pas l'entrée de ce prince dans sa capitale, parce que son premier acte serait d'envoyer un ambassadeur à Paris et d'en recevoir un de Louis-Philippe, que cet événement serait donc beaucoup plus favorable à la cause du juste-milieu qu'à la nôtre. »

Ne lui demandez pas compte maintenant de tous les vœux faits pendant cinq ans, de toutes ces promesses qui assuraient la victoire à don Carlos, la *Gazette* a oublié tout cela. Le fait tourne contre elle. La *Gazette* tourne avec le fait, et afin de ne pas être prise en défaut, elle se trouve avoir demandé dans le secret des visites domiciliaires le contraire de ce qu'elle proclamait. Elle n'a pas voulu le triomphe de don Carlos; don Carlos a été vaincu. Que pouvez-vous exiger de plus? Et pour corroborer la mobile fixité de ses principes, entendez-la, dix lignes plus bas, faire hommage à sa *parole* et à sa *raison* de ce nouvel échec qu'elle accepte comme un gage de triomphe prochain :

« Jeanne d'Arc, dit-elle, était sûre que Charles VII chasserait les Anglais de France et l'usurpateur de Paris. Nous avons la conviction que nos principes triompheront, non par les armes mais par la raison, et que la parole vaut mieux pour nous que la main. »

Les canons étrangers font défaut à ses prévisions, la voilà qui se pose en Jeanne d'Arc, cruelle ironie que, sur le bûcher de Rouen, l'évêque Cauchon lui-même aurait épargnée à la noble Pucelle. La *main* est brisée, vive la *parole!* les *armes* sont émoussées, vive la *raison!* Mais la parole, mais la raison de M. de Genoude, bien entendu, car quel autre que lui pourrait tirer le bien du mal, la victoire de la défaite, le courage de la lâcheté?

M. de Genoude n'a jamais invoqué la guerre civile, jamais prié le ciel pour le triomphe de don Carlos ; jamais conduit, dans les acclamations de son bonheur, les phalanges carlistes sous les murs de Madrid, jamais annoncé avec ivresse leur marche victorieuse; cela n'entrait pas dans les plans de la Providence ou dans les siens propres, et vous le comprenez de reste, puisque don Carlos est à Bourges.

Dans ce rapide résumé de cinq ans de folies est toute l'histoire de la *Gazette*, son histoire passée et son histoire future.

Mieux que M. Odilon-Barrot, elle est l'humble servante des faits accomplis; tant qu'ils sont en marche, elle court plus vite qu'eux, ouvrant avec sa plume la brèche par où elle veut introduire son drapeau de réforme. C'est la trompette qui sonne le boute-selle à des sourds; mais quand l'événement a trahi ses prévisions, l'événement ne la prend pas en défaut. La *Gazette* s'y attendait. Il y a mieux, ses précautions de prophète étaient prises à l'avance; elle savait que ce n'était pas par cette brèche qu'elle devait triompher, et, comme il faut qu'elle triomphe de tout, de la bonne comme de la mauvaise fortune, du succès ainsi que de la déroute, elle ne s'abandonne jamais au dépourvu. La base de son système s'écroule sous la vanité de ses efforts. Au même instant elle a un mur de rechange à offrir.

C'est la contre-partie très peu homérique de la Cassandre du palais de Priam; elle n'a jamais vu ce qu'il fallait voir, jamais eu de sinistres mais véridiques prédictions à faire entendre à son parti, jamais crié malheur aux événements! malheur sur elle! Elle laisse ce triste droit à ses abonnés. Qu'ils en usent.

XIV

Cependant le monde approchait des jours annoncés par la *Gazette*. L'année 1839 se passa pour elle en prophéties de toute sorte. L'an 40 arrivait avec ses bouleversements et ses révolutions. Pour le fêter dignement, M. de Genoude, qui n'est crédule qu'à l'endroit de ses prévisions, s'était mis en campagne. Tour à tour Jérémie qui pleure, qui se lamente sur les voies de Sion ou Isaïe qui a des accents de triomphe, M. de Genoude, pour saluer la mystérieuse année, se met au service de tous les prophètes. Les centuries même de Nostradamus ne sont pas dédaignées par lui. C'est un moyen comme un autre d'occuper l'attention publique, de la réveiller de sa torpeur en lui parlant de la fin des temps. M. de Genoude se garde bien d'y manquer. Avec encore plus de raison que les nécromanciens des âges passés, il peut toujours s'écrier comme eux :

Nostra damus, cùm falsa damus ;

Mais ce ne serait pas assez pour lui. La *Gazette* avait entretenu les frayeurs insensées, elle avait même contribué à les faire naître. Quand l'an 40 vint heurter aux portes de l'univers et ouvrir la nouvelle ère tant promise, M. de Genoude se dirigea vers Rome. Il allait visiter *limina patris*, et, Fénelon de contrebande, faire d'une pierre deux coups.

Il fallait obtenir du souverain pontife un *satisfecit* dans les règles, et donner à M. le duc de Bordeaux un avant-goût des joies révolutionnaires que la *Gazette* tenait en réserve pour lui dans le trésor de ses chimères. Le voyage de Rome, ce rêve de toute la vie de M. de Genoude, qui veut prendre la mesure d'un conclave, est donc entré dans la polémique. Il est chrétien pour Grégoire XVI et politique pour Henri de France qui vient d'arriver dans la cité sainte. M. de Genoude suffira à tout. Avant même de traverser la Méditerranée qui va porter le César de la chaire et sa réforme, la *Gazette* a travaillé l'esprit public. 1840 n'a encore produit que la confusion parlementaire. La *Gazette* va terrifier les âmes d'un pronostic mille fois plus révélateur que tous les signes qui pourraient se trouver dans le soleil et dans la lune. M. de Genoude part; M. de Genoude est parti!

Mais ce n'est pas un navigateur à s'exposer sans lest sur une mer féconde en tempêtes. A M. de Genoude allant mettre ses hommages et son orgueil aux pieds du fils de l'aventurière de buissons, ainsi qu'en 1832 il surnommait Madame, duchesse de Berry, il faut une bénédiction exceptionnelle, un suffrage qui puisse vivement frapper l'imagination du jeune prince que le prêtre veut soumettre au magnétisme de sa parole. Avant de s'élancer dans les combats de Terre-Sainte, les croisés s'agenouillaient dévotement devant Pierre l'Ermite. Ils tombaient aux pieds de l'archevêque de Tyr, et dans une consécration pieuse ils puisaient une nouvelle force.

Le Pierre l'Ermite de l'abbé Genoude fut M. Jacques Lafitte. L'abbé Genoude se présenta à son comptoir de l'industrie. Il lui proposa de compte à demi une petite révolution en participation. M. Lafitte, qui ne sait plus que demander pardon à Dieu et aux hommes de la grande semaine dont il fut le banquier, M. Lafitte accorda à M. Genoude une lettre de crédit sur le banquier Torlonia et un bon à vue sur la Providence. C'était, selon la *Gazette*, plus qu'il n'en fallait pour être bien accueilli par Henri de France. La *Gazette* venant à la maison de Bourbon comme fondée de pouvoirs et chargé d'affaires de la maison Lafitte, n'y a-t-il pas dans ce rapprochement tout un système? Et croyez-vous que M. le duc de Bordeaux n'ait pas dû se trouver fort flatté de recevoir dans son exil, par l'intermédiaire de la *Gazette*, la carte de M. Lafitte, qui, au mois d'août 1830, envoyait des passeports à sa dynastie.

M. de Genoude est à Rome; il expose au pape le but de son voyage chrétien. C'est le rétablissement de l'Oratoire; car dans la gibecière de la *Gazette* il y a toujours des projets de rechange. M. de Genoude a la vocation du sacerdoce; mais il faut qu'il crée, qu'il restaure ou qu'il démolisse. Reédifier l'Oratoire, en souvenir sans doute de Massillon que les prônes de la *Gazette* ne rappellent guère, était l'idée fixe de M. de Genoude. *Hoc erat in votis*. Le pape est sage comme un vieillard, perspicace comme un prêtre, rusé comme un Italien. Il laisse l'abbé Genoude développer tout à son aise ses théories politiques et religieuses, il l'écoute en silence, laissant tourbillonner dans ses nuages le grand-prêtre du vote universel et l'apôtre du droit commun. Le pape ne souffla pas mot; il se contenta de donner à la *Gazette* sa bénédiction paternelle pour valoir ce que de droit, mais il tint bon compte de toutes les folles utopies qui venaient, d'une manière si prodigieuse, d'ébranler les voûtes du Vatican.

M. de Genoude avait cru éblouir du luxe de sa réforme le serviteur des serviteurs de Dieu. Le pape entrevit rapidement tout ce qu'il y avait de révolutionnaire au fond des doctrines de la *Gazette*, tout ce qui à un jour donné pouvait surgir de la vanité de ce Luther au petit pied.

Le journal-prêtre fut mis à l'index dans les états de l'Eglise ni plus ni moins que le *Constitutionnel*.

Le pape, vous le voyez, avait eu, ce jour-là, don de prescience et d'infaillibilité. Il avait compris et jugé l'homme. M. le duc de Bordeaux fut appelé à en faire autant. L'écrivain politique avait perdu sa cause auprès du vicaire de Jésus-Christ sur la terre. L'ecclésiastique gagna-t-il la sienne en présence de Henri de France? Oui, si l'on s'en rapporte à la version qu'il nous a donnée le 28 février 1840; non, si les souvenirs du jeune prince sont fidèles. Sans vouloir le flatter, nous le croyons plus heureusement doué de toutes les sortes de mémoire que M. de Genoude.

M. de Genoude devait à l'univers le compte-rendu de sa conversation avec le prince. L'univers l'a reçu et l'a oublié sans doute. Le duc de Bordeaux n'a pas encore eu ce bonheur, et quand ce dernier rejeton *du sang appauvri et dégénéré des Bourbons*, pour parler selon la *Gazette*, veut rompre la monotonie de son exil, savez-vous bien quelle est la chose plaisante qui occupe le plus doucement ses loisirs? C'est M. de Genoude assis devant lui, dans son cabinet, M. de Genoude s'arrangeant un auditoire composé de Henri de France et de M. le duc de Lévis, M. de Genoude parlant pendant deux heures consécutives de la réforme et de la légitimité, du principe monarchique et du suffrage universel, du cahier des charges et du pouvoir constituant.

Le duc de Bordeaux bâillait; les princes malheureusement sont hommes comme tous les auditeurs de M. de Genoude. L'abbé comprit qu'il exerçait son influence ordinaire; il en tint bonne note. Dans la relation qu'il nous a donnée de son monologue avec le prince; on lit le passage suivant :

« — M. de Genoude craignit d'avoir fatigué l'attention du prince ; il s'interrompit et dit : Pardon, Monseigneur, j'ai peur d'avoir été long. — Continuez, dit le duc de Bordeaux avec vivacité, ce sont les affaires de la France. — M. de Genoude poursuivit. »

Avec ce riche euphémisme de cinq IT en quatre lignes, vous connaissez la version de M. de Genoude qui, pour la première fois de sa vie, *a eu peur d'être long*. C'est encore celle de la *Gazette* ; mais sa véracité est suspecte à double titre. En effet, M. le duc de Bordeaux s'inscrit souvent en faux contre elle. Les rois ne mentent que lorsqu'ils y ont intérêt. Henri de France a donc dû être vrai dans cette circonstance.

M. de Genoude avait, ainsi qu'il paraît le craindre dans son récit, fatigué l'attention du prince. Le prince bâillait, nous l'avons dit, mais il se garda bien de faire à son discoureur la réponse subversive de l'ordre de choses établi par M. Lafitte, réponse que M. de Genoude lui a imposée.

La *Gazette* fit la demande et M. le duc de Bordeaux répliqua d'un air ennuyé : « Au contraire. »

M. de Genoude était le passant qui vous marche sur le pied, qui se retourne avec politesse et qui vous adresse la question stéréotypée dans l'occasion : « Je vous ai fait mal, peut-être. » Henri fit comme tout le monde, et vous voyez que son « au contraire » a été traduit presque aussi illitéralement que l'hébreu.

Il y a chez la *Gazette* un besoin d'infidélités tellement prononcé que rien ne peut l'y soustraire. Quand M. de Villèle gérait les affaires, l'*Étoile* était soupçonnée d'avoir fabriqué un discours d'ouverture du roi Georges. Le fait était vrai ; mais l'auteur de cette invention désira garder l'anonyme.

Nous croyons avoir acquis le droit de proclamer que ce n'était pas M. de Genoude. Sa probité est en dehors de toute cette histoire. M. de Genoude a des ridicules. C'est un monde de vanités, un Atlas de petites passions, un abrégé de toutes les folies qu'une cervelle humaine peut entasser comme Ossa sur Pélion ; mais de là à une action pécuniairement mauvaise il y a loin. Nous le tenons pour un honnête homme, nous lui confierions notre bourse, nous ne lui donnerions jamais le droit de guider un parti.

Depuis juillet, l'*Étoile*, devenue *Gazette*, n'a pas eu de ces procès, mais pour cela elle n'a point renoncé à sa petite industrie. C'est elle qui composa dans son cénacle et qui publia dans ses colonnes toutes les proclamations qu'elle mettait à la charge de don Carlos. Dans ces pamphlets réformistes, qu'il n'aurait jamais connus si la *Gazette*, pour les besoins de sa polémique, n'avait pas cru, il y a peu de semaines, devoir les reproduire, don Carlos parlait comme un rédacteur de la *Gazette*. Il possédait tous les charmes du style de la rue du Doyenné; il était tout à la fois M. de Genoude et M. de Lourdoueix. Dieu nous pardonne! il aurait pu même s'effrayer de quelque point de ressemblance avec l'œil de M. de Beauregard. En lisant l'œuvre qu'on lui attribuait, œuvre qui n'avait jamais exercé d'influence à la Bourse, le roi exilé se formalisa. Il fit donner un démenti à la *Gazette*, et la *Gazette*, qui ne se déconcerte pas pour si peu, s'écria : « Il ne les a pas faites, tant pis pour lui, il aurait dû les faire. »

Don Carlos de Bourbon fut jugé et mis au ban de la réforme.

La *Gazette* avait bien souvent embouché la trompette épique pour chanter la victoire prochaine des carlistes espagnols. A chaque numéro on posait un *ex voto* pour demander à Dieu la palme des combats. Chaque signe télégraphique apportait un triomphe; mais de succès en succès, la cause royale d'Espagne se vit acculée aux frontières de France. Le *National* alors se remit en mémoire tous les *Te Deum* chantés par la *Gazette*, tous les horoscopes qu'elle avait tirés, et il prit la liberté grande d'interroger la feuille de M. de Genoude.

Le 13 juillet 1840, M. de Genoude répondait :

« Le *National* prétend que, pendant six années, nous avons prédit chaque jour le triomphe de la légitimité d'Espagne. Jamais nous n'avons dit qu'elle dût triompher par la force des armes. »

C'était sans doute par la réforme. Cabrera ne l'a pas comprise, ne l'a pas portée ; aussi voyez, Cabrera est à Lyon.

Au mois de janvier 1840, M. de Genoude avait dirigé ses pas vers Rome pour conjurer les tempêtes que ses prophéties devaient faire éclater en cette année cabalistique. Il n'y avait gagné qu'une excommunication *ipso facto*, une excommunication qui prenait le chemin le plus direct pour le frapper au cœur. C'était le désabonnement que le pape inspirait, qu'il conseillait, qu'il ordonnait. Au mois de janvier 1841, quand la terre tourne encore et qu'il n'y a rien de plus nouveau sous le soleil que l'interdiction pontificale encourue par la *Gazette*, elle prend le parti de rassurer ses lecteurs. Le 2 janvier, elle dément les prévisions qu'elle avait jetées à tous les vents de la publicité et elle dit :

« L'année 1840 est finie et nous n'avons vu ni pluies de soufre, ni Paris rasé, ni les eaux de la Seine ensanglantées.

« Toutes ces terribles images que les prédictions des faux prophètes avaient attachées à cette année s'évanouissent des esprits, et un des bons effets de l'année qui finit sera d'avoir emporté avec elle l'esprit de superstition qu'elle avait éveillé. La superstition est un défaut, mais la logique ne l'est pas. »

Le pape avait éconduit la *Gazette*. La *Gazette* voulut tenter une nouvelle voie. Son apostolat avait été dédaigné dans la cité sainte. M. de Genoude se lança sur la route de Boulogne, et un beau jour il s'établit dans une chaire anonyme de Londres, entre la *Contemporaine* dont il achetait les autographes et M. Bohain-Figaro dont il recueillait les vertueux souvenirs de directeur de théâtre, de préfet et de gérant de quelques petites sociétés en commandite. M. l'abbé Genoude n'avait pu convertir le pape à la doctrine du droit commun. Il se berça de l'espérance d'y amener les épiscopaux, les presbytériens, les puritains et les quakers britanniques. A Rome, devant le souverain pontife, il improvisait des premiers-Paris inédits; à Londres, il fit des espèces de sermons catholiques. Mais sur les bords de la Tamise il rencontra des cockneys qui ne savaient comment perdre leur journée, des badauds parlementaires qui, à défaut d'hustings électoraux, ne sont pas fâchés d'avoir sous la main un plus badaud qu'eux se donnant en spectacle. M. Genoude était l'homme de la chose, il parla d'abord de Dieu, de mysticité et de concorde pieuse, puis, au coup d'éperon social, revenu à sa primitive nature, il se proposa, comme Pic de la Mirandole, d'argumenter *de omni re scibili et quibusdam aliis*.

C'était parfaitement entrer dans les goûts anglais qui, pour tout combat de coqs, n'avaient plus que le gloussement de cette poule réformatrice. M. de Genoude se fit interroger sur son droit et sur son avoir politiques. Il parla beaucoup de lui, le moins possible des autres, ce qui est toujours sa manière, et, en présence du marquis de La Rochejaquelein, le nom le plus retentissant et le plus glorieux de la Vendée militaire, ce froc, devenu publiciste, déclara dans une étrange conversation dont M. Bohain se fit l'éditeur plus étrange encore :

« La *Gazette* a attaqué la guerre civile de la Vendée,
« en 1832. »

M. de La Rochejaquelein, présent à cette conversation, se récria contre une doctrine qui mettait en accusation toute sa famille; il protesta avec énergie; mais il faut que *la ligne de la Gazette soit partout portée*. M. de La Rochejaquelein avait fait fausse route; l'abbé Genoude n'y voulut rien entendre. Sa protestation fut non avenue.

Au commencement d'avril 1841, M. de Villèle lui avait annoncé une grande joie. M. de Villèle s'était décidé à venir, nouveau Monthyon, accorder des prix de patience et de courage aux lecteurs de la *Gazette*. Le ministre par excellence, l'homme qui sous la restauration, a pu prendre le pouvoir déjà fort et respecté, et qui, après six années de règne, l'a abandonné plus faible qu'il ne l'avait reçu, entreprenait son voyage dans la capitale. La *Gazette*, pour cette occasion solennelle, avait déployé toutes ses voiles. Le vent soufflait dans ses eaux. Elle allait entendre, ainsi qu'elle l'avouait dans un de ses numéros, l'habile financier, le suprême politique demander compte à MM. Thiers et Guizot de ce qu'ils avaient fait de la France. Cincinnatus renonçait à la charrue pour reprendre les faisceaux, et si le vieux Gascon, transformé en Romain pour la circonstance, ne s'accommodait pas de la pourpre consulaire, M. de Genoude était là, nouvel Aaron, qui soutiendrait dans leur faiblesse parlementaire les bras qui allaient se lever sur l'Israël de la réforme.

M. de Villèle arriva. La *Gazette* aussitôt battit le rappel du droit commun. De sa peau elle fit un tambour. M. de Genoude, le dissolvant le plus actif de toute espèce d'association où il ne lui est pas possible de confisquer la pensée des autres et de déteindre sur elle, M. de Genoude, en s'accrochant au pan de l'habit villélien, se mit à convoquer, à réunir les légitimistes ; il leur prêcha l'union et l'oubli. M. de Villèle renonçait aux honneurs posthumes de son capitoulat toulousain pour venir resserrer l'alliance de paix que la *Gazette* alors jurait à tous les royalistes sur l'autel du vote universel où elle dit la messe. M. de Villèle était le centre d'action, l'unité, le lien. M. de Genoude s'effaçait, il promettait de n'avoir plus de colères, plus de réticences jésuitiques, plus de haines de dévot, plus d'ambition, plus de ces répréhensibles finesses dont M. de Corbière avait parlé et qu'il déposait, le saint homme, aux pieds de son Christ languedocien. Le 18 avril 1831, la *Gazette* frappait à tort et à travers sur l'*inertie des gens de bien* qu'elle condamnait au tribunal de sa pénitence. Le mandement se terminait ainsi :

« Royalistes, songez-y bien. C'est à vous de sauver la patrie ; c'est votre mission. Il est temps de la remplir. »

A ce cri de détresse que poussaient les plumes d'oies du Capitole de la *Gazette*, le ban et l'arrière-ban des légitimistes s'émurent. La *Gazette*, pendant cinq ans, les avait bercés de sa *marche des événements*, marche qui aboutissait toujours à un échec, à une honte ou à une défection ; mais alors c'était à *l'action nationale* qu'elle en voulait. L'action était sa vie ; il fallait agir. Le grand pontife que la *Gazette* s'est donné avait les pleins pouvoirs de Goritz. Il entrait en communion politique avec Louis XIX. Le duc de Bordeaux l'investissait de sa puissance. M. de Villèle allait lier et délier sur la terre ce qui serait lié et délié dans le ciel de l'abbé Genoude.

Douze ou quinze royalistes sortent de leurs retraites ; ils forment un attroupement que la police de M. Delessert n'eut pas la peine de dissiper. — Le nombre était conforme à l'ordonnance. — Puis sous les yeux de M. de Genoude, qui discuta les candidats, le grand ministre forma un comité.

Il avait créé son petit monde. Il sentit plus que jamais le besoin du repos, et, le 28 avril, M. de Genoude put annoncer à l'univers avec une solennité de tête de colonnes : « M. le comte de Villèle est parti de Paris hier matin à trois heures. »

L'action royaliste allait donc se tendre. M. de Genoude avait accepté le comité. La paix était signée dans un baiser; M. de Genoude avait juré sur la joue de la *Quotidienne*, de l'*Echo français* et de la *France* une alliance dont les Carthaginois se seraient défiés, mais que le comité et la presse légitimistes acceptèrent comme un avancement d'hoirie pacifique. Son tam-tam guerrier ne résonnait plus; elle avait repris ses rustiques pipeaux; elle allait chanter son amour des Bucoliques, lorsque le comité se sentit une velléité d'existence. Il était venu au monde par l'insufflation de l'abbé Genoude; il voulut vivre, et aux noms qui le composent on verra qu'il en était digne.

C'étaient MM. le marquis de Latour-Maubourg, le duc de Noailles, le marquis de Brézé, Berryer, le duc de Valmy, le général Latour-Foissac, le vicomte de Saint-Priest et de Rainneville, secrétaire. Il y avait dans cette assemblée des garanties que tous les Français raisonnables pourraient accepter, des noms propres qui sont une gloire ou une espérance; mais parmi ces élus de M. de Villèle, agissant au nom de qui de droit, il se rencontrait des hommes qui n'avaient pas foi dans les abnégations de la *Gazette*.

Le comité se mit à l'œuvre. Son premier soin fut de s'entendre avec la presse royaliste. Il en convoqua les directeurs ; il leur expliqua ses vues, ses plans, ses opinions ; il demanda l'unité et la concorde. La *Quotidienne*, l'*Echo* et la *France* acceptèrent ce programme. M. de Genoude, à cet assentiment, comprit que le règne de sa *Gazette* était passé, si ces conditions inacceptables pour lui acquéraient force de chose jugée, et enféraillant à l'encontre de tous ses confrères, il demanda que les journaux royalistes, pour maintenir l'unité si désirable, se soumissent tous à la même action prépondérante.

La *Quotidienne*, l'*Echo* et la *France* connaissent la *Gazette*. Elle les a tous trompés, depuis la modération parlementaire de la *Quotidienne* jusqu'à la loyauté proverbiale de l'*Echo*. On attendit avec anxiété ce que l'Argant de la rue du Doyenné allait décider. Il prit un pan de sa soutane, et, comme le rival du Tancrède de la *Jérusalem délivrée*, le secouant sous les yeux des spectateurs ébahis : « Ici, dit l'abbé Genoude, dont son compère Lourdoueix ne pouvait calmer la fièvre d'humilité, ici, dans cette robe, sont enfermées la paix et la guerre. Moi seul me crois l'homme du destin, le Napoléon de la presse ; moi seul peux conduire l'esprit public au désert ou dans les gras pâturages. Ma plume est l'épée ; je règne sur les partis. N'est-il pas équitable qu'au moins je gouverne le mien ? Tel est mon dernier mot. »

Le comité se montra aussi sage que les directeurs de la presse royaliste. Le comité protesta par son silence, essayant de laisser à M. de Genoude le temps de calmer son ivresse d'égoïsme et ses tempêtes de vanité. On s'ajourna à des temps meilleurs.

La *Gazette* alors parcourut le cercle qu'elle doit parcourir chaque année. Astre errant, comète dont M. Arago, le Copernic démocratique de l'Observatoire, a tant de peine à saisir le vagabondage, la *Gazette* se jeta à droite, se lança à gauche, et un jour elle s'arrêta sur une idée que sans doute elle venait de ramasser dans un petit coin d'un de ces mondes dont Fontenelle, avant M. de Genoude, avait rêvé la pluralité. Elle voulut faire *finir le milieu*, faire finir tout ce qui contrariait sa marche ou sa ligne. Elle avait posé la main sur une combinaison infaillible, elle allait sans balancier danser sur la corde tendue du droit commun. Elle provoque un congrès, et, le 8 septembre 1841, elle publie l'article suivant :

TOUT FINIRA PAR UN CONGRÈS DE JOURNALISTES.

« Un journal commente le mot de la *Gazette que tout finira par » une assemblée de journalistes.* » Pourquoi pas, puisque tout a commencé ainsi, et que ce sont deux journalistes, MM. Thiers et Guizot, qui représentent les deux faces du Janus de 1830 et se partagent les destinées de la révolution, et deux autres journalistes, MM. Bertin et Girardin, qui soutiennent l'ordre de choses actuel? A quelques exceptions près dans la Chambre des députés et dans la Chambre des pairs, veut-on montrer des représentants qui aient plus d'intelligence que MM. Bastide, Bert, Blanqui, Duvergier de Hauranne, Chambolle, Lesseps, Lamartine, Léon Fauché, Marrast, Montrol, Reybaud qui, pour la plupart, parlent tous les jours sur les questions d'intérêt général?

« La presse est un exercice journalier de l'esprit, une application continuelle de la raison aux affaires. »

Voilà le grand concile de Trente ressuscité. M. de Genoude en est, bien entendu, le promoteur œcuménique. Lui seul pouvait concevoir un pareil projet, lui seul qui ose tout parce que personne ne peut plus le prendre au sérieux, lui seul devait donner encore cette entorse au sens commun. Son congrès est établi. Il n'a consulté aucun des membres qu'il y convoque, mais tous ne seront-ils pas trop heureux de venir sous la houlette du pasteur des âmes recevoir le mot d'ordre et s'aligner au commandement. Pourtant, à cette série de noms propres où toutes les opinions libérales ont des représentants, dans ce tohu-bohu d'écrivains plus ou moins connus, chacun fit une pénible remarque : la *Gazette* s'était sacrifiée. Elle appelait bien autour d'elle toutes les plumes constitutionnelles, tous les journaux du ministère, du centre gauche, de la gauche et du radicalisme : pour la presse royaliste, c'était une autre affaire. La *Gazette* savait que les journaux de la droite pouvaient seuls s'opposer à son mouvement, car chaque jour ils expérimentent le mal qu'elle fait à l'opinion monarchique. Elle les tenait à l'écart ; ils étaient pour elle comme n'existant pas, elle les repoussait de son sanctuaire.

La *Quotidienne*, l'*Écho*, la *France* et le *Journal des Villes et Campagnes* méprisèrent cet ostracisme. Pas une d'entre ces feuilles ne brigua le mandat que la *Gazette* imposaient à tous les écrivains qui en faisaient des gorges chaudes ; mais les journaux de province ne prirent pas aussi bravement leur parti. M. de Genoude avait exclu de son Quirinal toutes les intelligences légitimistes de Paris. La province lui demanda compte de cette exclusion. La *Gazette du Dauphiné* la première, l'ingrate enfant dont M. de Genoude se croit le père, prit la liberté grande, le 13 septembre 1841, de faire rire ses lecteurs aux dépens du congrès.

La levée de boucliers contre la *Gazette* venait de la patrie même de M. Genoude, de cette belle vallée de Grésivaudan dont il nous a si longuement entretenus dans l'*Histoire d'une Ame*, parodie des *Confessions de saint Augustin* et servile imitation des romans pastoraux de M. le chevalier de Florian, où toutes les bergeries se retrouvent, excepté l'Estelle du Némorin dauphinois.

Des hauteurs même de Vizille, le vent soufflait contre la *Gazette*. La presse royaliste de province s'ameuta, et de Marseille à Arras il y eut un tollé universel contre elle. De Toulouse même il vint à son adresse un document. La *Gazette du Languedoc* prit sa férule, et elle donna sur les droits de la vanité de M. de Genoude. A propos de ce congrès créé par l'abbé, elle parle *des idées tant soit peu follettes* de la *Gazette-mère*. La *Gazette* fit une espèce d'amende honorable à ses loyaux confrères de province; mais pour ceux de Paris, pour MM. Laurentie, Lubis, Herbert, Nettement, Crétineau-Joly, Audibert, Walsh, Moreau et Théodore Anne, elle ne voulut rien entendre; elle leur ferma à tout jamais les portes de son concile.

Quand les circonstances acquièrent quelque gravité, lorsque la *Gazette*, dont le pape met la politique à l'index et dont M. Affre, le nouvel archevêque de Paris, a la charité d'interdire les prédications dans les églises de son diocèse, lorsque la *Gazette* sent qu'autour d'elle la terre s'agite ou que les partis se mettent en présence pour engager un combat qui ne commence jamais, elle a une tactique qui se renouvelle sans cesse. Elle badigeonne une déclaration de principes. Elle la fait la moins claire, la moins explicite, la plus escobarde possible, et de guerre lasse elle force les feuilles légitimistes à accepter, à reproduire son élucubration avec l'astérique suivant :

« Ce document a été communiqué le même jour à tous les journaux royalistes de Paris. »

La déclaration, avant même d'avoir pu être comprise, se perd dans le gouffre de la publicité. Personne n'en tient compte; mais aussitôt que le canon d'alarme est tiré contre sa ligne, le Bertram sacerdotal s'élance sur toutes les innocentes Alices de la presse. « Vous avez signé le pacte, s'écrie-t-il, je suis à M. de Villèle, mais la France est à moi ; » et partant de ce point, allant d'un syllogisme boiteux à un enthymème invalide, il arrive vers la confusion qui fait sa loi, vers les ténèbres qu'il prend pour sa lumière. Alors il se jette dans les félicités de ses cahiers des charges. Il définit le pouvoir constituant, il commente le pouvoir constitutif; il explique le pouvoir constitué. Il est dans le labyrinthe sans une Ariane à sa suite; il monte, il descend, il gravite vers une impossibilité. Il tombe sur la logique qu'il écrase; mais au bout de ces tours de force d'imaginations toujours délirantes, il y a un but.

Ce but est atteint quand il a pu lasser la longanimité de la *Quotidienne*, frapper sur le bouclier de la France toujours appendu dans le champ-clos et s'attirer quelques lignes bien froides, bien railleuses ou bien raisonnables de l'*Écho*. Alors, la *Gazette* si pacifique, quand les feux de file roulent autour d'elle, ne se sent plus d'aise. La guerre civile est dans le camp. Elle marche au combat avec le courage des chantres du *Lutrin* ; puis elle se fait hisser sur son arc de l'étoile d'où elle proclame sa suprématie.

Sa suprématie est incontestable; ce ne sont pas les journaux qui le disent, ce n'est pas surtout la raison publique; c'est la *Gazette* elle-même; vous sentez bien qu'il n'y a pas moyen de récuser son infaillibilité.

Le 6 juillet 1842, elle s'écrie :

« La prétendue domination de la *Gazette* n'est que la domination du bon sens. »

Après cet aveu, dont son humilité chrétienne a sans

doute beaucoup à souffrir, mais que, pour sauver le monde, elle est obligée d'acclamer tout en faisant violence à sa modestie, elle laisse passer au dessus de sa tête les orages qu'elle amoncelle, et elle va à de nouveaux autels immoler d'autres victimes.

Nous touchons à une époque décisive pour elle. Les négociateurs des peuples l'ont sifflée, *negotiatores populorum sibilaverunt super te*, comme dit Ezéchiel; l'empereur d'Autriche l'a frappée d'interdit, le roi de Sardaigne, le pape et le roi de Prusse, Rome et Genève, enfin réunis pour la première fois, ont prononcé contre elle. Le catholicisme et le protestantisme se liguent dans un intérêt commun de monarchie; l'archevêque de Paris, un ancien collaborateur de la *Gazette*, qui mieux qu'un autre est à même de connaître les ficelles de la rue du Doyenné, a posé son doigt pastoral sur la bouche de l'abbé Genoude sans cesse prête à s'ouvrir pour prêcher. Il y a dans l'air un mauvais vent qui souffle contre ses doctrines. Elle a semé le bon grain, elle va, la pauvrette, recueillir l'ivraie de l'ingratitude. La tempête grossit, elle éclate; mais M. de Genoude c'est l'image de l'homme juste et tenace, rêvé par le poëte. Le monde s'ébranle, il s'affaisse. M. de Genoude abimé sous ses ruines n'en est pas effrayé.

Deux maisons de Bordeaux lui intentent un procès en diffamation pour une nouvelle qu'il n'a pas faite et que sa conscience n'aurait jamais inventée. L'erreur matérielle à laquelle aucun journal n'aurait pu se soustraire est reconnue. M. de Genoude se met aux ordres de ces maisons de commerce. Le thaumaturge religieux, le vise-en-l'air politique s'efface, il ne reste plus que l'honnête homme. L'honnête homme accomplit grandement son devoir, c'est très bien. M. de Genoude dont la charité est discrètement aumonière, se condamne à 10,000 francs de dommages-intérêts en faveur des hospices. Il les paie, c'est encore mieux, mais là s'arrête l'éloge, car là recommence la vie politique.

De Bordeaux à Toulouse, de Toulouse à Montauban, M. de Genoude s'est tracé un itinéraire de succès. Les routes poudreuses du midi ont été pour lui la voie sacrée qui n'aura jamais pu reconnaître en lui un Jupiter Stator; car M. de Genoude marche toujours. La réforme et la *Gazette*, l'un portant l'autre, ont été saluées dans sa personne par les populations qu'il a crues empressées. Le droit commun s'est vu accueillir en despote. Ici on a jeté des roses à M. de Genoude qui en a laissé les épines à M. Aubry-Foucauld, son compagnon de voyage. Là, dans tous les faussets méridionaux, on a chanté ses louanges. Il a subi les discours en prose du chef-lieu, il a été couché en joue par les dithyrambes de la localité. L'enthousiasme naissait sous ses pas comme les candidatures électorales, et le 30 avril 1842, la *Gazette* qui, jour par jour, heure par heure, sous la dictée de ses sœurs de province, décrit minutieusement toutes les phases de ce conte des Mille et une Nuits, la *Gazette* termine le fabuleux triomphe de son Trajan par un feu d'artifice qui remplit toutes ses colonnes.

C'est plus que jamais le *pulchrè*, *benè*, *rectè*, prêté aux feuilles de Bourges et de Lyon; mais, à Paris, personne ne se dévoua pour faire la courte échelle. Le tacet fut de rigueur. On se contenta d'admirer la fécondité d'imagination du père de la réforme, et on établit autour de lui le cordon sanitaire du silence. A son retour, M. de Genoude s'en allait, disant : « Hélas ! vous savez les succès dont je viens d'être la victime. *Non nobis, Domine, non nobis, sed nomini tuo da gloriam.* » L'hyberbole cependant n'avait pas eu son cours; personne ne s'était laissé prendre à la glu de cette modestie. M. de Genoude fut blessé au cœur, et il engagea un duel à mort avec la *France*.

Ce duel, force la *Gazette* à mettre au jour tous ses petits trésors de rancune amassés à grands frais de mémoire. Elle a ouvert la tranchée. Elle n'est pas femme à battre la chamade. Sa vie est un combat d'encre et de papier; elle plumifie à l'encontre de la *France*, son ennemie intime, qui, dit-elle, a été créée et mise au monde pour troubler la quiétude de ses nuits; mais cela ne l'empêche pas de sonner la diane à l'huis de la *Presse*, des *Débats* et du *Globe*, de les provoquer de sa vanité et même de courir la province; lion terrible, toujours cherchant quelqu'un à dévorer. Le 9 mai 1842, un journal conservateur de Bordeaux — la *Gazette*, elle, se dit préservateur —, tombe sous la main de la feuille reformiste. M. de Genoude s'élance contre lui, et il frappe à la tête le principe légitimiste.

« Le *Courrier de la Gironde* s'écrie, dit la *Gazette*, que nous voulons, avant tout, la restauration d'Henri V, que c'est à ce but que nous tendons partout nos efforts.

« Nous déclarons que cette assertion est dénuée de vérité. »

La *Gazette* a complétement raison ; elle ne veut point d'Henri V, point de Louis-Philippe, point de république ; elle porte M. de Genoude, et, après avoir inventé le suffrage universel, on voit bien qu'elle se retranche dans un autre système et qu'elle ne s'accommode pas trop mal du suffrage solitaire. Elle a cherché l'unité. L'unité se fait autour d'elle par la désertion.

Pour donner un corps à son idée fixe, le 24 mai dernier elle publie :

« Tous les maux sous lesquels nous gémissons ont donc leur cause dans la crainte fausse et chimérique de voir revenir, avec la monarchie, le pouvoir absolu, les priviléges et la domination du clergé par les institutions politiques.

Voilà tout d'un coup le clergé et la noblesse hors de cause. Les nobles ne seront plus rien par les institutions politiques ; le pouvoir absolu est mort et la domination du clergé s'enfonce dans la même tombe. Alors pourquoi

M. de Genoude, qui n'a pas eu le malheur de naître gentilhomme, a-t-il donc sollicité des lettres de noblesse? Pourquoi s'est-il fait prêtre? Est-ce pour anéantir les priviléges et la domination du clergé? Soit; mais dans les déductions de son irritable logique, la *Gazette*, qui vit au jour le jour, n'avait pas prévu que le 29 juin 1842 elle aurait, à propos des Mémoires du conventionnel Barrère, à parler de deux cardinaux et des assemblées nationales. Elle ne pensait pas qu'entre le cardinal de Richelieu et le cardinal de Brienne il lui faudrait faire surgir le futur chapeau rouge de l'abbé Genoude. Elle disait pourtant :

« Simple avocat dans le Bigorre, Barrère est envoyé comme député aux états-généraux. Ici se trouve un bel éloge du cardinal de Brienne, à qui la France doit la restitution des assemblées nationales et la liberté de la presse. « Ainsi, dit-il, un cardinal de Richelieu nous avait ôté les états-généraux, un cardinal de Brienne nous les redonna. La postérité doit être bien reconnaissante de cet acte politique. » Voilà un curieux rapprochement que personne n'avait fait, que je sache, avant Barrère. Mais ces états-généraux, il fallait les garder, au lieu d'aller à la constitution anglaise de M. de Talleyrand. *Espérons que quelque autre homme d'église nous rendra définitivement ce bienfait.* »

Est-ce clair? Le 24 mai, la *Gazette* proclame que « tous « les maux sous lesquels nous gémissons ont leur cause « dans la crainte fausse et chimérique de voir revenir « avec la monarchie le pouvoir absolu, les priviléges et « la domination du clergé, » et le 29 juin, trente-six jours après, la béate, qui a tourné les yeux sur M. de Genoude, noble et prêtre par son fait, s'écrie dans ses componctions :

« Espérons que quelque autre homme d'église nous rendra définitivement ce bienfait. »

En attendant l'avénement des états-généraux que l'abbé Genoude met en serre chaude sous le giron de son ambition, la guerre de Troie continue toujours entre les Achille de la *France* et les Hector de la *Gazette*. La *Gazette* ne trouvait que des neutres dans le camp royaliste : elle a voulu des ennemis ou des alliés. Chaque soir elle avait à produire un *document venu de Toulouse*; ce document était l'alpha et l'oméga accepté par elle, il fallait s'abîmer dans les muettes admirations que commandait le firman qu'on veut faire croire sorti du portefeuille de M. de Villèle. A toutes les démonstrations de la *France* MM. de Genoude et de Lourdoueix n'avaient qu'une réponse : « Toulouse ! Toulouse ! s'écriaient-ils, et baissez « la tête sous mon pardon. »

La *France* n'accepta pas l'alternative. La *Gazette* alors fit un autre pointe ; elle mit en cause la *Quotidienne* et l'*Écho*. Leur silence était singulier n'est-il pas vrai ? La *Quotidienne* et l'*Écho* parlèrent ; sa Douceur M. de Genoude se fâcha, et le 21 juin elle maudissait dans son langage apocalyptique :

« Pharisiens que vous êtes ! » disait-elle aux journaux royalistes qu'elle ne veut pourtant chásser que du temple de la publicité. Les pharisiens désignés par la *Gazette* à l'anathème de l'abonné, sourirent de pitié devant tant de folies sérieuses ; mais le comité institué par M. de Villèle, le comité qui, à la veille des élections, était poussé l'épée dans les reins par la sextuple candidature de l'*homme d'église*, osa, en dehors de la *Gazette*, donner un petit signe de vie. La *Gazette* se plut à faire entendre qu'elle le destituerait de toutes ses prérogatives. Le comité n'était pas pour elle, donc il était contre elle. Le mortier-Paixhans du suffrage universel fit jouer son artillerie, et le 25 juin, le comité, dans une circulaire, rappelait avec tristesse, mais sans amertume, toutes les scènes d'intérieur que l'orgueil du droit commun lui avait fait subir.

La colère de sa Douceur ne connut plus de bornes. Sa douceur fulmina l'anathème de Samuel contre Saül, et MM. Berryer, de Saint-Priest et de Valmy, signataires de la circulaire, ne furent plus que les triumvirs du *prétendu* comité.

Ce n'est pas à des triumvirs que les Romains de la *Gazette* espèrent avoir à faire. C'est à un dictateur qui leur rendra définitivement le bienfait des assemblées nationales. Arrière tous ceux qui ne se soumettent pas à la domination de la *Gazette*, qui n'est que la domination du bon sens, selon le texte même de la feuille-prêtre ; arrière tout le monde ; ce grand représentant qui n'a pas un collége électoral du monopole, pas une voix même à jeter dans le bonnet carré de celui qui est le verbe, l'unité et l'action. Rangez-vous sur la voie triomphale qui conduit de la rue de Grenelle-Saint-Germain au capitole de la rue du Doyenné. En signe de joie élevez vos mains vers M. de Genoude, vos mains chargées de palmes. Il n'y a plus de triumvirs, plus de duumvirs. L'homme d'église, les Etats-Généraux et la *Gazette* sont en marche. Place au César-Auguste de la réforme, du droit commun et du suffrage universel!

CONCLUSION.

L'histoire de la *Gazette de France* est finie. Plus tard nous n'aurons qu'à enregistrer son décès, car on meurt aussi bien d'orgueil que d'un coup de sang; et voyez, on dirait que déjà le journal-prêtre sent le cadavre. La solitude se fait autour de lui.

La *Gazette* se prétend religieuse, et le pape lui ferme l'entrée de ses États.

La *Gazette* se dit monarchique, et les rois de l'Europe forment contre ses doctrines un blocus continental. Ils la repoussent de leurs frontières avec une unanimité désolante pour elle.

La *Gazette* aspire à la réforme, au droit commun, au mandat impératif; hors de là point de salut pour la France, et la France passe inattentive, ne prêtant même pas une oreille distraite à ces écrivains réformistes qui, sur la voie publique, voudraient achalander leur négoce de suffrages.

La *Gazette* essaie de faire croire parfois qu'elle est encore royaliste, qu'elle tient à la vieille dynastie par un souvenir de gratitude nationale et de reconnaissance individuelle; et la *Gazette* est proscrite de Goritz, proscrite de Kirchberg comme de Vienne, de Berlin, de Saint-Pétersbourg et de Turin.

La *Gazette* affiche des opinions légitimistes, et les feuilles légitimistes de Paris et des provinces la maudissent enfin tout haut après avoir longtemps accusé tout bas la fatale impulsion qu'elle leur donnait.

La *Gazette* veut faire régner la concorde et l'unité dans son parti, et son parti se lève en masse contre elle. Les comités, la presse, les électeurs, tous font obstacle à sa vanité désorganisatrice, tous prennent en pitié les menaces que provoquent l'isolement et le désabonnement.

La *Gazette* est seule, abandonnée de tous; c'est le lépreu de la cité d'Aost. Elle croit marcher, et elle ne sent pas qu'elle tombe. Il ne lui reste plus que sa propre estime, ce n'est pas assez pour la soutenir dans les difficiles épreuves qu'elle s'est préparées.

FIN.

www.ingramcontent.com/pod-product-compliance
Ingram Content Group UK Ltd.
Pitfield, Milton Keynes, MK11 3LW, UK
UKHW012016240726
13965UKWH00002B/408